CAMINOS QUE SE CRUZAN

Un libro para todos
aquellos jóvenes que
quieren ver a Jesús a
través de su vida

Copyright © 2024
Todos los derechos reservados.
ISBN: 9798342451680

DEDICATORIA

Dedicamos este libro a todos nuestros discípulos hasta el día de hoy en Colombia, a los mentores que nos han acompañado en este viaje de fe y a cada joven que será discipulado.

CAMINOS QUE SE CRUZAN

CONTENIDO

Agradecimiento	7
Motivación del libro	9
Prefacio	13
Introducción	17
Los desafíos de una iglesia cuando el discipulado es limitado	21
Discipulado según Cristo	29
Mentorear en el siglo XXI	39
Mi responsabilidad	55
Cómo discipular a un adolescente	63
Cómo discipular a una persona con una historia difícil	83
Recursos para el estudio bíblico dentro del discipulado	103
¿Quién es Dios?	107
La biblia: la palabra de Dios	111
Nuestra posición en Cristo	115
Crecimiento y tiempo con Dios	119
La importancia de la iglesia	123
Vida misional	127
Mayordomía	133

CAMINOS QUE SE CRUZAN

AGRADECIMIENTOS

Agradezco a cada una de las personas de mi iglesia local en Nobsa, quienes me han permitido crecer en Cristo. Agradezco a mi comunidad de Cru en Bogotá, por ser personas que han sabido inspirar mi vida e inculcar la importancia de ser y hacer discípulos. En especial le agradezco a mi Fiel Dios, cuya Gracia ha sido suficiente hasta el día de hoy.[1]

Quiero expresar mi profundo agradecimiento a Dios por permitirme ser parte de su obra, especialmente en el acompañamiento a los jóvenes. De ellos he aprendido valiosas lecciones sobre la importancia de continuar trabajando con y por ellos, ofreciéndoles amor, confianza y guía en su camino. Agradezco de corazón a mis discípulas, Pau, Aleja y Tania, por su tiempo y las experiencias compartidas que han enriquecido mi vida. Su dedicación y entusiasmo son una inspiración constante. También quiero agradecer a mi iglesia local y al Movimiento Nacional DFC por confiar en mi labor. Su apoyo ha sido fundamental en este viaje[2]

Agradezco profundamente a mis mentores más significativos, Cristian Pastor y Andrea Castañeda, por guiarme en las verdades del evangelio y darme luz en mis momentos de temor. Agradezco a mi equipo de Cru en Estrategias Digitales, en especial a Karen Borja y Diana Contreras, por brindarme su amor en mi día a día. Agradezco con todo mi ser a mis discípulos hasta la fecha: Luis, Kleiver y Santiago, por darle sentido a mi rol como creyente y motivarme a levantarme con un propósito cada mañana.[3]

---

[1] Christian Felipe Castañeda
[2] Camila Sandoval Cuevas
[3] Santiago Carreño Murillo

MOTIVACIÓN DEL LIBRO

"Caminos que se cruzan" ha sido escrito con el propósito de capacitar a jóvenes y a personas en general para cumplir la Gran Comisión, tal como se encuentra en Mateo 28:19-20: "Id y haced discípulos a todas las naciones...". Este libro no pretende ser la única manera de hacerlo, sino más bien, una herramienta útil y aplicable en cualquier iglesia o comunidad, diseñada para acompañar el proceso de discipulado de una forma clara y práctica.

Los autores, Christian Castañeda, Santiago Carreño y Camila Sandoval, somos miembros del departamento de Misiones del Movimiento Internacional de Iglesias Defensores de la Fe Cristiana (MIDI). Christian Castañeda, como líder nacional de jóvenes de Defensores de la Fe en Colombia, junto con Santiago y Camila, quienes formamos parte de su comité de trabajo, hemos desarrollado este recurso basándonos en nuestras experiencias y aprendizaje en el camino.

Nuestro deseo es equipar a los jóvenes de nuestro movimiento y, si el Señor lo permite, a jóvenes de otros lugares también. El modelo de discipulado que presentamos en este libro es el mismo que hemos aplicado en nuestras iglesias y comunidades juveniles. Agradecemos todo lo que hemos aprendido y esta oportunidad de crear este libro nos motiva aún más para continuar con nuestra labor.

Confiamos en que, por la gracia de Dios, este recurso podrá impactar a jóvenes en todos los países donde estamos presentes como Defensores de la Fe Cristiana, y anhelamos incluso alcanzar a jóvenes para Cristo en todo el mundo. Confiamos en el Señor nuestra misión, y caminamos con fe hacia el cumplimiento de su llamado.

"La gran comisión me cambió la vida: El testimonio de mi propia vida"

No fue hace mucho que por primera vez escuché la palabra "discipulado". Pensé, quizás al igual que tú, que era un concepto que sonaba a algo grande, especial, algo nuevo que apenas comprendía, pero que alimentaba mi curiosidad y mi hambre de aprender. Ya había escuchado el término en mis años de adolescencia, junto a mi iglesia local, pero, aunque sabía lo que era, nunca le presté demasiada atención, pues lo consideraba algo "para los adultos", para personas formadas y listas para la responsabilidad de llevar, enseñar y demostrar la palabra de Dios. Sin embargo, las preguntas que resonaron en mi mente en ese momento fueron: *¿De verdad era un requisito sentirse "listo"?, ¿Por qué yo no lo estaba?, ¿Acaso Dios pedía un nivel de madurez o adultez para ser discipulado y discipular?*

Mi relación con Dios ha tenido obstáculos, altos y bajos, dudas y certezas, acompañadas de la convicción de que siempre hubo un Dios que me amaba, me cuidaba y me guiaba, aunque yo, en mi egoísmo natural, prefería ignorarlo. Pero Dios, una vez más, me eligió, me hizo suyo, se apoderó de mis batallas, me apartó de lo que no era para mí y me guio hacia Él. ¡Qué hermosa es la voluntad de Dios que me guio justamente a través del discipulado! Aquel concepto que preferí ignorar y pasar por alto hace años fue precisamente el que Dios usó, y lo hizo a través de personas tan jóvenes e inexpertas como yo, igualmente imperfectas. Personas que, a pesar de sus dudas, tuvieron la valentía de expresar públicamente su amor a Cristo. Su único requisito fue tener fe: fe en Dios, fe en que lo que hacían tendría efecto, fe en que no se trataba de números, sino de la calidad y dedicación suficientes para que los demás conocieran a Dios.

En medio de mi camino extraviado, Dios puso en mi universidad a las personas correctas en el momento correcto, como fue el caso de un amigo que encontré, un joven universitario que, aunque no era el adulto sabio que yo creía necesario para un discipulado, demostró con su ejemplo lo que considero clave en un buen cristiano. Invirtió horas en escucharme, en resolver dudas, en compartir y aprender. Y ese es solo uno de los millones de ejemplos de personas que conectan con otras, multiplicando la palabra de Dios, todo iniciado con un acto de fe.

Llegados a este punto, las preguntas parecen esclarecerse, pues Dios no elige a los preparados, sino que prepara cuidadosamente a los elegidos. Todos estamos listos para magnificar su nombre. Solo basta con creer tanto en Dios, que será Él mismo quien se manifieste en nuestra vida, usando nuestros dones y talentos, impulsando así la fe en los demás y multiplicando su voz para glorificar su presencia."

PREFACIO

Discipulado, para muchos, esta palabra puede traer a la mente imágenes de reuniones en la iglesia, que seguramente incluye clases estructuradas, y un camino hacia el bautismo. Esa fue mi experiencia, durante mucho tiempo pensé que el discipulado no se trataba más que de enseñar los fundamentos de la fe cristiana con el fin de que las personas pudieran ir al bautismo en agua, y a partir de ese momento empezaran a ser activas en la comunidad cristiana. No me malinterpretes, este enfoque tan comúnmente utilizado en la iglesia, ha sido increíblemente efectivo. Ha traído a un incontable grupo de personas a los pies de Cristo, ha levantado ministerios poderosos y ha sostenido la misión global de llevar esperanza al mundo.

Sin embargo, hay algo más profundo, algo que a menudo pasa desapercibido. El discipulado, tal como lo vivió y modeló Jesús, no se puede encerrar en unas pocas lecciones o reuniones semanales. Si observamos los evangelios, veremos que el discipulado no era una serie de instrucciones teóricas; era una invitación a un estilo de vida transformador. Jesús no solo enseñaba, vivía con sus discípulos. Caminaba, comía, reía, lloraba y enfrentaba la vida junto a ellos. El discipulado era, y sigue siendo, una relación profundamente personal, un compromiso que afecta cada aspecto de la vida.

Seguramente a muchos nos parecería una locura dejar toda nuestra vida de lado para seguir a una persona, es casi inconcebible dedicarle todas las horas del día al único objetivo de llegar a ser como alguien más, y por más que parezca algo difícil de creer, es a ese estilo de vida lo que Jesús llamó *"discipulado"*.

Ahora bien, consideremos el siguiente desafío; ¿Cómo podemos vivir este tipo de discipulado en nuestros días? ¿Cómo aplicamos el modelo radical de Jesús en una cultura que corre a un ritmo acelerado, con personas que tienen agendas llenas y corazones divididos? Si tú, así como yo, no sabes cómo responder a esta pregunta, pero sientes en tu interior una pasión por querer ver el modelo de Jesús aplicado en ti, en tu iglesia y en tu comunidad, ¡Este libro es para ti!

Más allá de ser un manual de cómo dirigir estudios bíblicos y un conjunto de estrategias para el éxito en el ministerio. Es una exploración profunda del corazón del discipulado según Jesús: Una invitación a *"vivir la vida juntos"*, ya que esta es una manera poderosa y orgánica de colaborar con el Espíritu Santo para que el corazón de Cristo sea engendrado, formado y dé mucho fruto en la vida de las personas, a través de un maravilloso proceso de imitación.

En esencia, el discipulado es un proceso integral y continuo de enseñanza, acompañamiento y formación espiritual en el que una persona *(el discipulador)* guía a otra *(el discípulo)* para seguir, imitar y vivir conforme a las enseñanzas y el ejemplo de Jesucristo. Se basa en una relación cercana, intencional y de crecimiento mutuo, donde la meta es que el discípulo llegue a ser más semejante a Cristo.

Este libro es un llamado a profundizar, a comprometernos más allá de lo superficial. A entender que el discipulado no es un sacrificio doloroso, sino una oportunidad de amor. Un amor que nos invita a dar nuestra vida, no necesariamente en muerte, pero sí en tiempo, en servicio, y en dedicación a otros. Como dijo Jesús: "Nadie tiene mayor amor que este, que uno ponga su vida por sus amigos" (Juan 15:13).

Aquí encontrarás no sólo principios, sino una invitación a vivir el discipulado como lo hizo Jesús: entregado, lleno de gracia y en constante transformación. Y yo oro, en el nombre de Cristo, para que este libro sea el comienzo de un viaje hacia una vida más plena, *una vida discipulando y siendo discipulado*, para que Cristo sea formado en ti y en quienes te rodean.

INTRODUCCIÓN

Es el último día de Jesús en la tierra, Él ya ha resucitado, se encuentra en la última reunión presencial con el grupo de sus discípulos, quienes fueron durante los últimos años de su vida sus amigos más cercanos, seguramente muchas emociones estaban a flor de piel, ¿Cómo te sentirías tú al ser uno de los discípulos de Cristo?

Acabas de vivir el peor y el mejor día de tu vida, todo en la misma semana. Ellos habían perdido toda esperanza al ver morir a Jesús, pero no puedo imaginar un acto que potencie mi fe de una manera más profunda que ver con mis propios ojos a Jesús resucitar de la tumba. ¿Cuál sería la reacción natural del corazón humano si Dios mismo, resucitado al tercer día, quiere tener una reunión contigo?, Si conoces un poco acerca del corazón de estos personajes, y a su vez, un poco de tu propio corazón, seguramente puedes pensar que esperarían reconocimiento y exaltación; Piénsalo, si tu maestro en ese momento quisiera, podría ser la persona más famosa del mundo, y eso te convertiría a ti en el mejor amigo de la persona más famosa del mundo, pero no hubo nada más alejado de la realidad.

Esa reunión era la última oportunidad de Jesús en la tierra para dar una instrucción final a sus discípulos, la posibilidad de asuntos a tratar fue considerablemente amplia. Era el momento de matizar en cualquiera de los miles de temas que ellos hablaron en los últimos 3 años y medio. En medio todas las cosas que se pudieron haber dicho, de tantas palabras de exaltación o agradecimiento que se pudieron haber expresado, Jesús decide darles la siguiente instrucción:

- **La gran comisión (Mateo 28:16-20) RVR1960**

*16 Pero los once discípulos se fueron a Galilea, al monte donde Jesús les había ordenado. 17 Y cuando le vieron, le adoraron; pero algunos dudaban. 18 Y Jesús se acercó y les habló diciendo: Toda potestad me es dada en el cielo y en la tierra. 19 Por tanto, id, y **haced discípulos** a todas las naciones, bautizándolos en el nombre del Padre, y del Hijo, y del Espíritu Santo; 20 enseñándoles que guarden todas las cosas que os he mandado; y he aquí yo estoy con vosotros todos los días, hasta el fin del mundo. Amén.*

Jesús nunca les dijo "Esta será la gran comisión", pero para ellos tuvo tanto impacto las últimas palabras de su amado maestro, que le dieron ese título a su mandato final. La vida de los discípulos comenzó en ese momento, por fin, después de tantas enseñanzas, se les dio la perspectiva global del porque Jesús los había llamado. Esas palabras no fueron un final, fueron el origen de una historia que nos involucra hasta el día de hoy. Sin duda no existieron personas que se tomaran más en serio las últimas palabras de Jesús que estos once discípulos. La gran comisión pasaría a ser el principal motor de su vida como creyentes en la tierra; sustentada por la fe inagotable que trae el ver a un Cristo muerto y resucitado.

La misión de Jesús en la tierra era, sin duda, su cruz y sus discípulos; un total de doce hombres que fueron *"mentoreados"* por el gran Maestro. Ellos convivieron, comieron, durmieron, y tuvieron conversaciones difíciles con Él. Fueron los que transformaron el mundo entero. Gracias a los cientos de discípulos y verdaderos creyentes que extendieron las verdades de la Gran Comisión, hoy en día existen vidas que siguen siendo transformadas.

El verbo griego "μαθητεύω" (mathēteuō)[4], usado en la Gran Comisión cuando Jesús nos manda a "hacer discípulos", implica mucho más que convertir a las personas. Se trata de caminar con alguien en la vida, enseñarle no solo con palabras, sino con el ejemplo, a vivir como Jesús vivió. Esa es la esencia del discipulado: una relación cercana, intencional y de crecimiento mutuo,

---

[4] Logos Klogos: ""Mateo 28:19" Griego." *Biblia Interlineal de Nuevo testamento*, https://www.logosklogos.com/interlinear/NT/Mt/28/19.

donde el discipulador y el discípulo se unen para reflejar a Cristo cada día más. Esa es la misión a la que Jesús encargó a todos sus seguidores a lo largo de la historia de la iglesia, debe ser el eje central de nuestro trabajo cristiano hasta el día en el que Cristo vuelva, esa fue, y sigue siendo, su última voluntad.

LOS DESAFÍOS DE UNA IGLESIA CUANDO EL DISCIPULADO ES LIMITADO

Piensa en los jóvenes y adolescentes que hay en tu iglesia, tienen nombres, historias, miedos, desafíos, dudas, como cualquier persona en el mundo. ¿Alguien se ha sentado personalmente con cada uno de ellos a escuchar sus historias, miedos, desafíos, dudas y les han mostrado lo liberador de las verdades del evangelio? Lo más seguro es que no, pues no es una práctica común en las iglesias contemporáneas.

Según El grupo Barna, el 39% de los creyentes no está haciendo discípulos[5], lo cual muestra una desconexión entre el corazón de Jesús, que fue brevemente expuesto en

---

[5] Montaña, J. (2024, septiembre 17). El 39% de cristianos no "hace discípulos". ¿Qué pasa con la Gran Comisión? *BITE*. https://biteproject.com/el-39-de-cristianos-no-hace-discipulos/

lo que se ha hablado hasta el momento en este libro, y el corazón de una parte significativa del cristianismo actual. Esta situación no solo trae una incongruencia en lo que significa ser un discípulo de Jesús, sino que también nos hace personas individualistas y distantes ante las situaciones propias de nuestra vida, y ante las situaciones de nuestros hermanos en la fe.

Es una práctica repetitiva dentro de las iglesias centrar su fuerza de trabajo y operación a actividades puntuales que involucran la participación de muchas personas a la vez. En el modelo de iglesia occidental en el que nos encontramos hoy en día, es común que los servicios a desarrollar se lleven a cabo por un pequeño y selecto grupo de personas, y sea dirigido a una cantidad de personas mucho mayor. Desarrollar las reuniones habituales de esta manera permite alcanzar a un mayor número de personas. Es una práctica eficiente, considerando la magnitud de la misión a la que Jesús nos ha llamado: predicar a todas las naciones y hacer que todos en la tierra le conozcan. Es una forma organizada y responsable de gestionar los dones y talentos que Dios ha puesto en las personas de la congregación, y, además, de esta forma se puede asegurar que todos los miembros de una comunidad cristiana están siendo edificados en su fe, y recibiendo de forma periódica las verdades del evangelio, fundamentales para el crecimiento de un cristiano.

Sin embargo, este modelo tal como fue descrito, no cubre totalmente cada uno de los aspectos que hacen parte de la vida de un seguidor de Jesús. Si bien es cierto que, hasta el día de hoy, es la forma en la que miles de personas han conocido a Dios, debemos aceptar que en muchos casos no hay un acompañamiento integral ofrecido a todas aquellas personas que han decidido seguir a Cristo. Sin mencionar que la forma en la que el mundo se está constituyendo, cada vez son menos efectivas las ideas de evangelismo multitudinario, ya que, en muchos de los casos, nuestro objetivo es hacer reuniones masivas y no hacer discípulos. Esto habla de la forma de pensar de las nuevas generaciones; nos enfrentamos a un sistema completamente subjetivo, donde las personas no atacan directamente nuestra forma de pensar acerca del evangelio, pero donde cada vez es más difícil que puedan aceptar esas verdades como parte de sus vidas.

Esto ocurre, en gran medida, porque las nuevas generaciones no perciben la relevancia del evangelio en sus vidas. No es que el evangelio haya perdido importancia o poder, ya que es eterno y sustentado por Dios mismo. Sin embargo, como iglesia contemporánea, en algunos casos, no hemos logrado mostrar cómo el evangelio responde a las necesidades actuales de las personas, que, como era de esperarse, son diferentes a las de generaciones anteriores.

Piensa por un momento en tu propia vida. ¿Cómo te sentirías al pertenecer a una familia en la que no te sientes integrado?, donde no muestran interés en tu realidad, pero esperan que vivas de acuerdo con sus normas y valores. Seguramente, esta familia no sería un espacio seguro para ti, donde pudieras expresar con libertad tus luchas, miedos, preocupaciones y deseos. Dado que nadie te ha preguntado acerca de esto, no verías a tus familiares como una comunidad de apoyo con la que trabajar en transparencia las áreas que necesitas mejorar en tu vida. En cambio, es probable que los percibas como un grupo de personas a las que impresionar, donde resulta más importante ser validado que ser realmente conocido, donde es más importante mostrarte como una persona inquebrantable, que mostrarte como una persona real, que tiene heridas causadas por la naturaleza caída de este mundo.

Esta es la realidad de muchas comunidades de fe que están *'relacionalmente enfermas'*. En ellas, la comunicación se centra en señalar todo lo que está mal en las personas y en cómo deberían pensar y actuar, dejando muy poco espacio para trabajar de manera intencional en modelar y guiar a las personas a ser más como Cristo Jesús. Y, por supuesto, es más fácil diagnosticar una enfermedad y señalar cómo debería funcionar correctamente el cuerpo, que realmente involucrarse en su tratamiento y curación. Es más fácil señalar lo que está mal, que dedicar tiempo a descubrir la raíz de esa maldad.

Esta es una de las razones por las cuales muchas iglesias no logran crear relaciones profundas con sus jóvenes. Aunque estos puedan asistir regularmente a las reuniones, su corazón a menudo está desconectado de la misión y el propósito de la iglesia, lo que resulta aún más preocupante: están alejados del corazón de Jesús.

Además, cuando un joven no está en un proceso de discipulado, es más propenso a participar en las redes de la cultura contemporánea. Al no tener una visión clara de la perspectiva bíblica, es más probable que pueda adoptar la opinión del mundo como su propia cosmovisión. Trayendo para su propia vida cada una de las consecuencias que implican el vivir conforme a este siglo.

Por otro lado, el pretender que una persona sea completamente edificada únicamente bajo el paradigma de la predicación pública, no le va a permitir aterrizar las verdades del evangelio a su propia realidad, por lo global que puede llegar a ser la exposición de la escritura dentro de la iglesia. De ese modo, estamos desperdiciando el poder que tiene la escritura para adaptarse a la realidad particular de cada persona y traer una respuesta específica a cada situación.

Como lo vimos en la introducción de este libro, la esencia del discipulado es una relación cercana, intencional y de crecimiento mutuo, donde el discipulador y el discípulo se unen para reflejar a Cristo. De este modo, si excluimos el discipulado al estilo de Jesús, de nuestras estructuras eclesiales, vamos a tener una visión distinta a la que Jesús tuvo cuando pensó en la iglesia, puesto que el cuerpo de Cristo nunca fue un museo donde se exponen las grandezas de las personas, sino un hospital de gente rota, donde todos vamos con nuestras heridas hacía la Gracia de

Cristo, la cual nos permite crecer en Él y apoyarnos unos a otros. ¿Te imaginas la expresión en el rostro de Jesús al ver que pretendemos cumplir su misión sin tener en cuenta su modelo?

Esta no es una verdad aislada, siguiendo con la estadística del Grupo Barna, el 39% de los cristianos en estados unidos no están involucrados en ningún tipo de discipulado, pero solo el 5% de los cristianos están discipulando. El siguiente gráfico muestra un panorama muy diciente del movimiento cristiano actual:

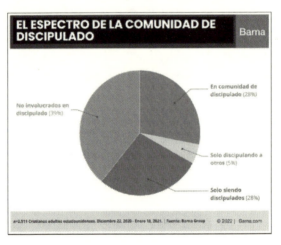

Sin duda alguna, una de las cosas más evidentes al ver que solo el 5% de los cristianos están discipulando, es que nos encontramos en una cultura de consumo, donde es más importante ser servido que servir, donde priorizamos nuestras necesidades particulares, por encima de las necesidades en comunidad.

Este modelo de iglesia, donde son pocos los que ejecutan, y muchos los que reciben, existe porque las dos partes que lo componen están conformes con Él. En especial, para aquellos que únicamente ven la iglesia como un lugar donde encontrar respuesta a sus preguntas personales, y no como un lugar que les brinda la oportunidad de poder ayudar al prójimo a responder sus preguntas.

En últimas, el prójimo no es el mundo entero, el prójimo tiene nombre y apellido. Tu misión tiene nombre, ¿Cuáles son los nombres de tu misión?

En conclusión, una iglesia sin discipulado pone en riesgo su durabilidad en el tiempo, puesto que no existe una ruta clara para encomendar la misión de generación en generación. Es la biblia la que nos ilumina el camino que debemos tomar para continuar con la gran comisión que nos dejó Jesús:

2 Timoteo 2:2 - Reina-Valera 1960
- *Lo que has oído de mí ante muchos testigos, esto encarga a hombres fieles que sean idóneos para enseñar también a otros.*

Pablo nos invita a encargar lo que aprendemos a otros, esto con el fin de crear un movimiento en comunidad, dinámico y sustentable, donde todos participemos y colaboremos con Cristo para llevar el mensaje más importante que existe; El mensaje del evangelio de Jesús, aquel mensaje que nos cuenta que el hijo de Dios vino a la tierra, para enseñarnos la forma correcta de vivir, y ser el modelo por excelencia.

DISCIPULADO SEGÚN CRISTO

La cultura de discipulado de la que hemos estado hablando no es exclusiva del cristianismo, ni surgió con Jesús. Más bien, tiene una relación directa con el contexto en el que vivió. Por más sorprendente que nos parezca, Jesús no fue latino (aunque, en mi opinión, debió ser así); Él nació en un contexto judío, en un momento histórico muy diferente al nuestro, lo que significa que vivió en una cultura distinta, con costumbres, prácticas y creencias propias. Esto no es algo negativo, ya que nos permite ver cómo las verdades del evangelio trascienden generaciones, y cómo la Palabra de Dios, al ser inmutable y estar viva, tiene la capacidad de adaptarse y aplicarse de manera efectiva en cualquier contexto en el que se encuentre.

Si nuestro objetivo es aprender del modelo de Jesús

para entender su corazón hacia la iglesia y cómo nos aconseja a guiar su pueblo, es crucial que estudiemos el contexto en el que Jesús vivió. Comprender cómo funcionaban las cosas en su época nos permitirá, con la guía del Espíritu Santo, rescatar los principios que son aplicables en nuestros días.

La idea no es hacer una recopilación extensa de cómo funcionaba el mundo en la época de Jesús, ni de cómo estaba estructurado su sistema educativo, del cual, por cierto, los judíos se sentían muy orgullosos. Más bien, la idea es demostrar que el concepto de dedicar la vida a la educación y guía de otros ha sido aceptado a lo largo de la historia, tanto dentro como fuera del cristianismo. Los seres humanos durante mucho tiempo hemos intuido que una forma efectiva de generar un impacto profundo y duradero en una persona es concentrarnos específicamente en ella. De este modo, podemos estudiar con seriedad los problemas y desafíos particulares que enfrenta, poniendo todas nuestras experiencias previas al servicio de quien estamos discipulando.

El concepto de dedicar la vida a formar a otros ha estado presente a lo largo de la historia, por ejemplo, en la Antigua Grecia existieron relaciones particulares entre maestros y discípulos. Sócrates (470-399 a.C.), conocido por su método de enseñanza basado en el diálogo y la introspección, dedicó gran parte de su vida a formar a jóvenes, entre los que destacó Platón (427-347 a.C.). Platón, a su vez, se convirtió en maestro y dedicó su vida a educar a su discípulo Aristóteles (384-322 a.C.)[6], quien luego sería uno de los filósofos más influyentes del mundo antiguo. Son ellos tres, seguramente, los filósofos más conocidos de la antigüedad. Estas relaciones cercanas entre maestros y discípulos demostraron ser una manera efectiva de generar un impacto profundo en la vida y pensamiento de las personas, una metodología que, aunque propia de un contexto cultural diferente, ocurrió solo unos siglos antes de Jesús, mostrando que la idea de discipular y dedicar tiempo a formar a otros es algo que la humanidad ha comprendido como una forma poderosa de influir en el mundo.

Dentro de la biblia vemos el caso de Elías, quien dedicó sus últimos momentos de vida a vivir junto a Eliseo, con el fin de que él pudiera continuar con su labor como profeta de Israel (2 Reyes 2:9). También encontramos el caso de Juan el bautista, quien tuvo bajo su dirección a un grupo de discípulos (Lucas 7: 18-19).

Por supuesto, Jesús fue el mayor exponente de lo que significa tener discípulos. Sin embargo, muchas veces, debido a la falta de contexto histórico y cultural, podemos pasar por alto el verdadero significado de lo que implicaba para un discípulo tomar la decisión de seguir a un maestro.

En la educación judía, los últimos años de formación de los estudiantes implicaba dejar sus hogares para vivir junto a su maestro. Este proceso no se limitaba a la instrucción

---

[6] **Barnes, J. (1982).** *Aristotle*. Oxford University Press

académica, sino que incluía una imitación total: donde el maestro iba, el discípulo iba; lo que el maestro hacía, el discípulo hacía. El propósito de todo esto era que el discípulo llegara a ser como su maestro, replicando cada aspecto de su vida y conducta.

En esa época, si un estudiante deseaba aprender de un rabino en particular, tenía que acercarse a él y pedir ser evaluado. El maestro le haría preguntas difíciles, cómo recitar pasajes específicos de la ley judía o resolver acertijos morales, con el fin de determinar si el estudiante tenía el potencial necesario. Si el rabino consideraba que no estaba preparado, le miraba con condescendencia, y le aconsejaba dedicarse al negocio familiar; Si su familia se dedicaba a la carpintería, ese estudiante sería un carpintero más; si su familia era pescadora, ese estudiante sería un pescador más, todo porque el maestro no lo había aceptado. Pero si el maestro veía en él un verdadero talento, si reconocía que podía captar la profundidad de sus enseñanzas, si el maestro consideraba que ese estudiante podría ser digno de su mentoría, le decía: *"Sígueme"*.

Escuchar estas palabras significaba una validación total por parte del maestro, y el estudiante, en respuesta, dejaba todo de inmediato para vivir junto a él durante varios años, con el objetivo de convertirse en su semejanza y, eventualmente, enseñar a otros.

Cuenta la historia que existió un maestro diferente,

uno que no buscaba a los mejores estudiantes, sino que hacía de sus estudiantes los mejores. Apareció un maestro experto en el arte de la compasión y la gracia; uno que entendía que la grandeza de las personas no está en la calificación que el mundo les da, sino en lo intrínsecamente arraigado de la imagen y semejanza de Dios en ellos. Apareció un maestro diferente, uno que no buscaba a sus alumnos en las sinagogas más prestigiosas, ni en las aldeas más concurridas, sino que eligió a su particular grupo de discípulos de las partes más inesperadas de la sociedad. Apareció un maestro que no esperó a que los estudiantes lo buscaran para ser evaluados y demostrar su capacidad, sino que fue Él mismo quien buscó y llamó a sus estudiantes, quien los invitó a seguirlo, aun cuando no habían hecho nada para ganárselo y estaban muy lejos de merecerlo. Apareció un maestro capaz de ver lo poderosa que podía llegar a ser una persona cuando se le trataba con compasión y cercanía, cuando se le dedicaba el tiempo necesario para trabajar los aspectos más fundamentales de su corazón. Cuenta la historia que apareció un maestro, como ninguno en toda la historia, cuya grandeza no fue ser alabado por multitudes, sino lavarle los pies a ese grupo de *'descalificados'*. Cuenta la historia que apareció un maestro diferente, como ninguno en la tierra, ese maestro se llama **Jesús**.

Jesús modela el discipulado a la perfección, Él más que nadie entendió el arte de dar su vida por guiar a los demás, porque sabía los beneficios que eso podía traer a largo plazo. Al final, el mensaje del evangelio se expandió por todo el mundo gracias a aquellas personas a las que Jesús les dedicó tiempo de calidad.

Parte del éxito del ministerio de discipulado de Jesús fue su vida de oración constante. **Lucas 6:12-13** nos muestra que, antes de elegir a sus discípulos, Jesús pasó toda la noche orando, buscando la dirección de su Padre. Esta exposición continua a la voluntad de Dios le permitió no solo discernir a quiénes debía discipular, sino también recibir la fortaleza y sabiduría para llevar a cabo esa tarea. Su dependencia del Padre le dio claridad y poder para formar a los doce, quienes más tarde continuarían con la misión de expandir el Reino de Dios. La oración fue el fundamento de su ministerio, permitiéndole seguir fielmente el plan divino.

> **Lucas 6:12-13 (RVR1960):**
> *"En aquellos días él fue al monte a orar, y pasó la noche orando a Dios. Y cuando era de día, llamó a sus discípulos, y escogió a doce de ellos, a los cuales también llamó apóstoles."*

A lo largo de los evangelios, en diversas ocasiones, Jesús recordó a sus discípulos la importancia de la oración. No lo hizo de manera injusta, exigiendo algo que Él mismo no practicara; por el contrario, Jesús encontró un equilibrio perfecto entre proclamación y demostración. No solo les habló del camino que debían seguir, sino que también les mostró, de forma práctica, cómo debían caminarlo. Este es un claro ejemplo de enseñanza por imitación orgánica: al ver a Jesús, sus discípulos aprendieron la importancia de orar en todo momento.

Por cierto, si Jesús, siendo Dios, consideraba vital la oración para sostener su ministerio de discipulado, ¿cuánto más nosotros debemos buscar la dirección de Dios al cuidar a los demás?

Después de que Jesús llamó a sus discípulos, practicó un modelo de discipulado que no fue simplemente una invitación a una creencia superficial, sino a un cambio de vida radical. Los discípulos literalmente se fueron a vivir con Él; dondequiera que Jesús estuviera, allí también estaban ellos. Más allá de enseñar lecciones teóricas, Jesús siempre buscó el crecimiento integral de sus discípulos.

Cuando Jesús llamó a sus discípulos, no les ofreció participar únicamente en momentos extraordinarios, como alimentar a 5,000 personas o caminar sobre el mar; los invitó a compartir toda su vida, incluidos los momentos más ordinarios. Jesús compartió cada aspecto cotidiano de su vida junto a ellos. Esta invitación no fue casual: el propósito era que, al estar constantemente en su presencia, los discípulos se parecieran cada vez más a Él.

Colosenses 3:10 (NTV)
"Vístanse con la nueva naturaleza, y sean renovados a medida que aprendan a conocer a su Creador y se parezcan más a él."

La Escritura nos enseña que es a través del conocimiento de nuestro Creador que seremos más como Él. Jesús sabía que, en cada comida, en cada viaje de aldea en aldea, y en cada ocasión en que sus discípulos lo veían interactuar con las personas, ellos se transformarían más en su imagen.

En nuestro modelo de discipulado, no buscamos que las personas nos sigan para parecerse a nosotros, pero sí deseamos que tanto nosotros como aquellos a quienes discipulamos, podamos aprender a conocer más a Dios, para así llegar a ser más como Él. Como dijo el Apóstol Juan:

1 Juan 2:6 (RVR1960):
"El que dice que permanece en él, debe andar como él anduvo."

La manera en que Jesús quiso hacer esto realidad en la vida de sus discípulos, y que además es el principio fundamental de su discipulado, fue a través de **vivir la vida juntos**. De este modo, ellos podrían llegar a ser más como Él.

Aterrizando el modelo de Cristo:
Podemos matizar tres aspectos fundamentales del discipulado de Jesús:

- *"Yo estaré con vosotros, todos los días, hasta el fin del mundo" (Mateo 28: 20):*

El modelo de discipulado que Jesús estableció con sus discípulos es un claro reflejo de su compromiso con ellos y de su visión para el futuro de su misión. Aunque su tiempo con ellos en la tierra duró solo tres años, la promesa de Jesús de continuar con ellos después de su ascensión debió traer una paz inmensa a sus corazones. Sabían que, sin la guía de Jesús, no habrían podido caminar en la fe ni llevar a cabo la misión que les había encomendado. Su presencia constante les proporcionaba no solo dirección, sino también la confianza de que estaban en el camino correcto.

- *"Y yo también te digo, que tú eres Pedro, y sobre esta roca edificaré mi iglesia" (Mateo 16: 18):*

Jesús fue un maestro excepcional que supo sacar lo mejor de cada uno de sus discípulos, viendo en ellos un potencial que pocos habrían podido identificar. Tomemos como ejemplo a Pedro, a quien Jesús vio como un líder, a pesar de sus debilidades y vacilaciones. Esta capacidad de Jesús para reconocer el valor intrínseco de sus discípulos refleja la manera en que Dios también nos ve a nosotros: como personas con un propósito y potencial divino.

Parte del arte del discipulado de Jesús consistió en sacar el máximo potencial de todos sus discípulos. Él vio en Pedro lo que nadie más vio; La capacidad de liderar, un carácter puesto por Dios para guiar a los demás. Sin embargo, Pedro nunca hubiera podido llegar a ser el apóstol que fue, sin el tiempo en el que Jesús invirtió en su vida, con paciencia y dedicación.

- *"Toda potestad me es dada en el cielo y en la tierra" (Mateo 28:18):*

En la Gran Comisión, Jesús afirmó: "Toda potestad me es dada en los cielos y en la tierra.". Esta declaración no solo expone la autoridad de Jesús, sino que también implica que cada persona, independientemente de su trasfondo o circunstancias, tiene el potencial de seguirlo. La invitación al discipulado no se limita a unos pocos elegidos; es un llamado universal que abarca a toda la humanidad. Este es un recordatorio poderoso de que cada persona, cada vida, cada átomo del universo tiene la capacidad de ser transformado y guiado por la luz de Cristo.

Amado/a, no olvides que el llamado de Cristo es universal. Nunca pienses que alguien es demasiado malo como para resistirse al amor de Dios. Te animo a que cada día descanses en la autoridad de Cristo. Él está sentado a la diestra del trono de Dios, y seguirá siendo, a través del Espíritu Santo, quien guíe a la iglesia por medio de personas que amen lo que Él ama y actúen como Él actuaría. No olvides que, en la Gran Comisión, Jesús nos empoderó para hacer las cosas como Él las hizo y discipular como Él discipuló.

MENTOREAR EN EL SIGLO XXI

El siglo XXI es en definitiva un reto para la iglesia y la misión, nos encontramos en un punto de la historia con un movimiento absurdamente acelerado, metas inalcanzables y referentes de éxito desfasados de la realidad cristiana. En el punto en el que nos encontramos, el desafío más grande es lidiar con el hecho de que invertir tiempo y dedicación continua a una persona es poco atractivo; principalmente, porque las personas no suelen producir cambios instantáneos. Preferimos que el leproso se sane con una oración a la distancia, porque es más fácil que arrodillarnos para limpiar sus heridas. En esa forma de pensar y actuar, donde la principal motivación de las personas es ver vidas transformadas al instante, sin tener en cuenta que detrás de cada avance en el corazón humano, hay un proceso de caídas y aprendizaje; pretender volver al modelo de Jesús, resulta completamente retador.

Queremos ofrecerte una visión de cómo discipular desde nuestras experiencias personales, nuestra interpretación de la biblia y nuestros aspectos culturales, teniendo como énfasis que el discipulado es un proceso sumamente dinámico, ya que depende de muchos factores variables, como la historia personal, la edad, el contexto sociocultural entre otros. Entonces, te queremos invitar a que puedas pensar como esta propuesta se puede adaptar a tu contexto y necesidad. Te invitamos a hacer la siguiente oración:

Dios, reconozco a lo que tú me has llamado, deseo invertir tiempo en tu reino y en relaciones significativas, que acerquen a más personas hacia tu luz y verdad; dame de tu gracia, para que, a pesar de mí, de mis luchas y defectos; tu amor sobreabunde en las personas de mi área de influencia, ayúdame a acercarme con transparencia y a confiar en tu amor cuando no tenga todas las respuestas, ayúdame a ser íntegro y a permanecer en tu amor mientras me uno a tu misión.

¿Cómo puedo comenzar un discipulado?

Recuerda que nuestro objetivo es encontrar el principio detrás del modelo de Cristo para aplicarlo al contexto específico en el que nos encontramos hoy en día. Como ya hemos visto, la forma en que Jesús impactó a sus discípulos fue compartiendo toda su vida con ellos. Esto puede parecer sumamente desafiante hoy, ya que muchas personas han convertido a la iglesia en solo un aspecto más de su vida, en lugar de ser el centro de ella. Por lo tanto, queremos proponerte una manera de aplicar el principio de *vivir la vida juntos* a la realidad de las personas, quienes hoy en día llevan vidas mucho más amplias y variadas que en la antigüedad.

Con esto en mente, una forma efectiva de *vivir la vida juntos* es generando un impacto periódico en la vida de las personas que están siendo discipuladas. De esta manera, se satisface la necesidad de un seguimiento continuo, reconociendo que las personas no cambiarán de forma repentina, sino que este es un camino lleno de gracia que debemos estar dispuestos a recorrer.

Para empezar un discipulado, lo primero que necesitamos es un nombre. Haz una lista mental de posibles personas que hoy podrías comenzar a mentorear y acompañar. Una recomendación es que puedas pensar en personas que sean fieles y disponibles, ya que, al empezar a invertir tu tiempo en un proceso de discipulado, es fundamental que las dos personas sean comprometidas con el paso que acaban de tomar.

Si una persona es fiel, pero no está disponible, puede tener toda la disposición para ser discipulada, pero inevitablemente, sus horarios y obligaciones en algún momento van a impedir el desarrollo de la labor. De igual modo, si una persona, es disponible pero no es fiel, frecuentemente buscará la forma de evadir algunas reuniones de discipulado, lo que traerá desánimo para ti y traerá complicaciones en su crecimiento. Recuerda que en el discipulado buscamos vivir la vida juntos, para poderlo hacer es importante que el discípulo y el discipulador sean personas *fieles y disponibles.*

Al encontrar a esa persona, en la cual puedes invertir tu tiempo, dones y pasiones, la idea es que puedan encontrar un espacio periódico, en el cual se puedan reunir, nuestra recomendación es que sea semanalmente. Lo mejor que hemos encontrado, es que las sesiones de discipulado se desarrollen de manera individual, es decir, discipulador y discípulo, esto con el fin de mantener la confidencialidad y generar un marco de confianza, donde las personas se puedan sentir seguras y confiadas de compartir sus experiencias. Los espacios virtuales son una alternativa, en los casos de que no vivan en la misma ciudad, o en el caso en el que sus horarios no les permitan hacerlo de forma presencial, pero es válido resaltar que un espacio presencial da más posibilidades de alcanzar el objetivo que queremos con el discipulado, porque permite adquirir percepciones que desde la virtualidad son más difíciles.

Lo más importante a entender, es que estos espacios no son como cualquier otra reunión dentro de la iglesia, el objetivo, más allá de querer realizar un estudio bíblico, o de una charla de amigos, es poder conseguir un crecimiento integral en el que juntos se están acompañando. Por eso, hemos llegado a la conclusión de que un espacio de discipulado debe tener al menos los siguientes 3 espacios:

- **Espacio relacional:** Al tener la oportunidad de mantener una relación 1 a 1, se convierte este espacio en algo orgánico y real; siempre pretendemos mantener charlas centradas en el principio de vivir la vida juntos, compartir nuestras experiencias personales, nuestras cosas de común interés, y nuestras actividades cotidianas, al comenzar con este espacio siempre brinda la oportunidad de crear un espacio sin un orden aparente, no siempre hay que tener el control de cada segundo, este espacio se comporta como un descanso para ambos donde pueden hablar sobre el último tiempo en el que no se han visto.

- **Espacio de rendición de cuentas y consejería:** Cuando se es discipulado, se crea una necesidad de compartir las cosas significativas que han ocurrido durante la semana, especialmente los retos específicos. Este espacio es importante porque le permite al discípulo poner en perspectiva todas las dificultades para gestionarlas juntos. Este espacio debe estar acompañado de integridad y transparencia. 'Nunca exijas algo que tú no compartirías' y 'Si quieres que tu discípulo comparta, trata de compartir tú primero' son principios clave para crear un ambiente de confianza y apertura. Es fundamental que todo lo compartido en este espacio se mantenga en confidencialidad. Acompaña este tiempo con consejos prácticos y pasos de acción concretos, alcanzables y medibles.

- **Espacio de crecimiento bíblico:** Este espacio no se trata de preparar un sermón para darlo a tu discípulo; se pretende que sea un espacio donde no solo uno hable, sino donde ambos puedan compartir juntos a la luz de la Palabra. Prepara este espacio con anticipación y elabora preguntas de discusión para compartir con tu discípulo. Es clave que tú también respondas las preguntas y no juzgues ni invalidez las respuestas de tu discípulo. Busca llegar a conclusiones claras sobre los textos bíblicos que estén analizando; no dejes cabos sueltos y permite que tu discípulo haga preguntas sobre el tema que estén estudiando. Si no conoces la respuesta a alguna cuestión del estudio bíblico, sé honesto y reconoce que no tienes la respuesta, pero te comprometerás a consultarla y la discutirán en el siguiente encuentro.

Un discipulado sin espacios de relación y rendición de cuentas será solo un estudio bíblico, mientras que un discipulado sin profundizar en las verdades de Dios se convertirá en una simple reunión de amigos. Queremos animarte a integrar estos tres aspectos, o incluso más, según te vaya guiando Dios, dependiendo de tu contexto y necesidad.

Es importante destacar que, dependiendo de la

situación particular en algún momento, el discipulador puede decidir enfocarse en uno o dos de estos tres elementos durante una sesión específica. Esto con el propósito de adaptar el discipulado a las necesidades de las personas, respondiendo de manera efectiva. Aunque no debería ser algo frecuente, se permite esta flexibilidad para abordar de forma adecuada las circunstancias de cada individuo.

Debes tener claro que esta no es la única forma de hacerlo. Sin embargo, este modelo ha sido la manera más efectiva que hemos encontrado para traer los principios del discipulado de Jesús a la realidad de las personas hoy en día. Nos permite aplicar el ejemplo de Cristo a un mundo donde las personas están cada vez más ocupadas. No se trata de ser mediocres en el ministerio, sino de ser sabios y estratégicos para fomentar el crecimiento de los demás. No es lo mismo pedirle a alguien que dedique los 7 días de su semana, que solicitarle un pequeño espacio en uno de esos días.

¿Cómo responder ante un tema difícil o escandaloso?

"El Balance entre Gracia y Verdad"

En el proceso de discipulado, habrá momentos en que nuestros discípulos confiesen pecados o errores que están cometiendo. Estos momentos, aunque incómodos, son oportunidades cruciales para guiar con el corazón de Cristo. Para hacerlo de manera efectiva, es necesario encontrar un balance entre **gracia** y **verdad**, dos elementos esenciales del carácter de Jesús.

La Gracia: Consideración y Camino al Perdón

La gracia es la manifestación del amor inmerecido de Dios. Es el reconocimiento de que, a pesar de nuestras fallas, Cristo nos ofrece perdón y restauración. Cuando un discípulo confiesa un pecado o error, nuestra primera respuesta debe ser una de gracia, una respuesta que refleje la paciencia, el amor y la compasión de Jesús. La gracia escucha sin juzgar, ofrece consuelo y abre la puerta a la esperanza.

Mateo 11:28 RVR1960

- *"Venid a mí todos los que estáis trabajados y cargados, y yo os haré descansar"*

Este versículo refleja la invitación de Cristo a aquellos que están agobiados. Al mostrar gracia, estamos invitando a nuestros discípulos a ir a Cristo tal como son, confiando en su amor y misericordia.

La Verdad: Identificar el Error y Señalar el Camino Correcto

Sin embargo, la gracia sola no es suficiente. Un discipulado saludable también debe estar fundado en la verdad de Dios. La verdad identifica el pecado como lo que es: una ofensa a Dios que tiene consecuencias nocivas tanto espirituales como prácticas en la vida del discípulo. No podemos ignorar la gravedad de la situación, y en el amor por la persona, debemos ayudarle a ver claramente el impacto de sus decisiones.

Juan 8:32 RVR1960

- *"la verdad os hará libres"*

Jesús nos enseña que la verdad no es para condenar, sino para liberar. Cuando confrontamos un pecado con la verdad, lo hacemos para señalar lo dañino que es para la relación del discípulo con Dios, para su bienestar personal y, muchas veces, para quienes lo rodean. La verdad ofrece corrección y consejo, mostrando el camino hacia una vida más plena y saludable en Cristo.

El Peligro de los Extremos: Gracia sin Verdad y Verdad sin Gracia

Si sólo aplicamos gracia sin verdad, corremos el riesgo de ser permisivos con el pecado. Este enfoque, aunque bien intencionado, puede llevar a que el discípulo no vea la necesidad de cambiar, lo cual lo mantiene atrapado en patrones destructivos.

Por otro lado, si sólo aplicamos verdad sin gracia, nos volvemos legalistas y duros de corazón. Este enfoque puede llevar a la condenación y al juicio, creando una barrera que aleja al discípulo en lugar de acercarlo a Cristo. La verdad sin gracia puede ser devastadora, porque, aunque señala el pecado, no ofrece el perdón y la restauración que Cristo ofrece.

Ambos extremos son peligrosos porque fallan en amar verdaderamente a las personas y en seguir el ejemplo de Jesús. Él siempre fue lleno de gracia y verdad, amando lo suficiente como para perdonar, pero también amando lo suficiente como para corregir.

Juan 1:14 RVR1960
- *"Y aquel Verbo fue hecho carne, y habitó entre nosotros (y vimos su gloria, gloria como del unigénito del Padre), lleno de gracia y de verdad"*

Jesús está completamente lleno de gracia y de verdad.

El Modelo de Jesús: Gracia y Verdad en Equilibrio

Jesús es nuestro mejor ejemplo de cómo mantener este equilibrio. Cuando la mujer sorprendida en adulterio fue traída ante Él *(Juan 8:1-11)*, Jesús mostró una perfecta combinación de gracia y verdad. Primero, Él la protegió de la condenación pública al decir: *"El que de vosotros esté sin pecado, sea el primero en arrojar la piedra" (Juan 8:7)*. Esta fue una muestra de gracia, dándole la oportunidad de escapar de la muerte.

Sin embargo, no se detuvo ahí. Después de perdonarla, Jesús también le dijo: *"Vete, y no peques más" (Juan 8:11)*. Aquí está la verdad. Jesús no minimizó su pecado; en cambio, le ofreció una nueva vida y una llamada clara a la transformación. Gracia y verdad operaron juntas para traer restauración y cambio genuino.

Cómo Aplicar Gracia y Verdad en el Discipulado de forma práctica

Cuando enfrentamos situaciones difíciles con nuestros discípulos, es fundamental acercarnos a ellos como lo haría Jesús. Aquí algunos principios clave para aplicar gracia y verdad:

1. **Escucha con empatía**. Al mostrar gracia, escucha sin interrumpir ni juzgar. Permite que el discípulo exprese sus luchas sabiendo que está en un espacio seguro.

2. **Reconoce el valor de la persona**. Asegúrate de que el discípulo sepa que, a pesar de su error, es amado y valorado por Dios. La gracia es recordarle que su identidad está en Cristo, no en su pecado.

3. **Habla con honestidad**. La verdad no se puede comprometer. Ayuda al discípulo a ver cómo su pecado afecta su relación con Dios, su vida y su futuro. Usa la Escritura para mostrarle el estándar de Dios y las consecuencias del pecado.

4. **Ofrece esperanza y dirección**. Después de hablar la verdad, ofrece esperanza en Cristo. La gracia no sólo perdona, sino que también capacita para el cambio. Ayuda al discípulo a ver cómo puede superar su pecado, caminando en la dirección correcta con la ayuda de Dios.

5. **Acompaña en el proceso**. Tanto la gracia como la

verdad requieren seguimiento. No se trata sólo de señalar el error, sino de caminar con el discípulo en el proceso de restauración y crecimiento.

Espero que estos consejos te ayuden en la solución de situaciones complejas en tu discipulado en el siglo XXI

¿Cuánto tiempo debe durar un proceso de discipulado? El modelo de crecimiento de Dios

¿Cuánto tiempo debe durar un proceso de discipulado? Es una pregunta que muchos jóvenes emocionados frecuentemente hacen, buscando una meta que cumplir con sus procesos de discipulado, para poder dejarlos y centrarse en otros.

2 Timoteo 2:2 - Reina-Valera 1960
◆ *Lo que has oído de mí ante muchos testigos, esto encarga a hombres fieles que sean idóneos para enseñar también a otros.*

Pablo, en este versículo nos presenta el modelo de crecimiento de Dios para el discipulado, un enfoque que no se trata solo de la cantidad de personas alcanzadas, sino de la calidad de los discípulos formados. Se trata de discipular a personas que, a su vez, discipulen a otros, asegurando un crecimiento más sólido y profundo en la vida de cada creyente.

Un Crecimiento Lento pero Seguro
El modelo de *2 Timoteo 2:2* puede parecer, a primera

vista, un proceso lento. Si comparamos este enfoque con otros métodos que buscan evangelizar a grandes grupos de personas de manera rápida, podríamos pensar que la estrategia de "discipular a unos pocos" es ineficiente. Sin embargo, este tipo de crecimiento es mucho más seguro y robusto. Al enfocarnos en discipular a personas que a su vez discipulen a otros, estamos formando bases espirituales más fuertes y duraderas.

Jesús mismo nos mostró este modelo en su ministerio. Aunque predicó a multitudes, se dedicó especialmente a formar a sus doce discípulos. Incluso dentro de ese grupo, había un círculo más íntimo de tres: Pedro, Juan y Jacobo. Jesús no intentó discipular a todo el mundo de manera individual, sino que invirtió tiempo en unos pocos, sabiendo que ellos, una vez formados, llevarían adelante su misión. Este es el principio que Pablo enseña: ***invierte en algunos, para que estos, a su vez, inviertan en otros.***

Un Proceso de Largo Plazo

El discipulado no es algo que se logre en un corto período de tiempo. Requiere paciencia, dedicación y, sobre todo, tiempo. A menudo, en nuestro deseo de ver resultados inmediatos, podemos caer en la tentación de acelerar el proceso. Sin embargo, el crecimiento espiritual verdadero toma tiempo. Este modelo no busca crear discípulos de manera rápida, sino formar líderes espirituales que estén profundamente enraizados en su fe y que puedan sostener la obra del Reino a largo plazo.

Esto significa que el discipulador no debe apresurarse en tratar de cubrir una lista de temas o en ver un progreso rápido. Al contrario, debe estar dispuesto a caminar con sus discípulos, ayudándolos a enfrentar sus luchas, respondiendo a sus preguntas y asegurándose de que están creciendo en su relación con Cristo.

Bases Sólidas para el Crecimiento

Al invertir en pocos, el discipulador tiene la oportunidad de conocer más a fondo a sus discípulos, trabajar de cerca con ellos y ayudarles a edificar una fe inquebrantable. El discipulado no se trata solo de transmitir conocimiento, sino de modelar una vida cristiana madura y ayudar a otros a hacer lo mismo.

Un discipulado basado en este principio permite que los discípulos reciban enseñanza personalizada y un acompañamiento continuo. Esto fortalece su fe, y cuando llega el momento en que ellos deben discipular a otros, están mejor preparados para hacerlo de manera efectiva. En lugar de discípulos superficiales que podrían desviarse fácilmente, este modelo produce cristianos comprometidos, firmes en sus convicciones y capacitados para guiar a otros en su caminar con Cristo.

Todos Deben Ser Discipulados, Sin Importar Su Experiencia

Otra clave fundamental en este modelo es que **todos** deben ser discipulados, sin importar su nivel de experiencia o conocimiento en la fe. Es fácil pensar que aquellos que ya llevan años en la iglesia no necesitan discipulado, pero esto es un error. La vida cristiana es un proceso, y siempre hay espacio para aprender más, además que todos estamos expuestos a vivir situaciones difíciles en cualquier momento. Incluso los más experimentados pueden beneficiarse de tener un mentor que los guíe y los rete a seguir adelante en su caminar con Cristo.

De hecho, es precisamente en los más experimentados donde este modelo de discipulado puede tener un impacto aún mayor. Aquellos que han sido discipulados pueden a su vez discipular a otros con más experiencia y sabiduría, asegurando que el ciclo continúe de manera saludable.

Un pensamiento final...

Reflexionemos juntos: ¿Por qué no estamos haciendo buenos discípulos? ¿Por qué, quizás, hasta hoy nunca habíamos pensado en la idea de mentorear a otros, si está tan claro en la Biblia?

Imagina que un líder decide discipular a un joven estudiante de economía, quien, con el paso de los años, se convierte en un accionista importante en la bolsa de valores, con gran influencia sobre otros. Además, como reconoce las bondades del discipulado, utiliza su posición de prestigio para mentorear a otros, llevando las verdades de Jesús hasta Wall Street.

¿Qué hubiese pasado si este economista nunca hubiese sido discipulado ni impactado con las verdades de

Jesucristo? Seguramente se hubiese desperdiciado la oportunidad de impactar esta esfera de la sociedad.

Ahora, sin importar si nuestros discípulos llegan o no a Wall Street, debemos preocuparnos por hacer buenos discípulos, porque estos, a su vez, discipularán a otros e impactarán de forma increíble sus esferas de influencia con las verdades de Jesucristo.

¡En este momento pido a Dios, en el nombre de Cristo Jesús, para que esta imagen en tu mente te pueda animar a continuar!

MI RESPONSABILIDAD

Si al leer las páginas de este libro, sientes el deseo de iniciar el proceso de discipulado en tu iglesia o comunidad, y has reconocido que es un llamado que Dios ha hecho a toda la iglesia, te felicito. Estás a punto de experimentar lo poderosas que pueden ser las relaciones intencionales en nuestra misión de expandir el evangelio.

Sin embargo, dado que el discipulado busca involucrarse de manera profunda en la vida de las personas, demostrando el amor y cuidado de Cristo a través de nosotros, es fundamental que comprendamos los compromisos y responsabilidades que implica discipular. Tener claro nuestro rol como discipuladores es de suma importancia, porque cada persona a la que mentoreamos es amada por Dios, y Cristo ha dado su vida por ellas. Por lo tanto, cada conversación vulnerable y cada situación confidencial que decidan compartir con nosotros es algo que debe ser tratado con el máximo cuidado y respeto posible. Cualquier imprudencia, maltrato o atentado a la confianza se traduce en una ofensa directa hacía Dios.

Por esta razón, en este capítulo se presentan una serie de recomendaciones que debes tener en cuenta a lo largo de tu camino en el discipulado.

Mateo 18:6 (RVR1960)
◆ *"Y cualquiera que haga tropezar a alguno de estos pequeños que creen en mí, mejor le fuera que se le colgase al cuello una piedra de molino de asno, y que se le hundiese en lo profundo del mar."*

Para Jesús las personas que están comenzando su camino en la fe tienen un lugar especial en su corazón, por tanto, son objeto de un celo directo por parte Dios. Él es el mayor interesado en su crecimiento, por tanto, será Él mismo quien quite del camino cualquier cosa que entorpezca su propósito con ellos.

Cabe resaltar que el discipulado no es solo para aquellas personas que están empezando en la fe; el ideal es que cada persona, por más experimentada que sea, pueda ser discipulada por alguien. Pero nuestra responsabilidad es la misma, indistintamente de quien sea la persona a la que estamos cuidando.

Piénsalo por un momento...

La principal razón por la cual muchas personas en la iglesia procesan solas sus emociones y situaciones difíciles es porque no han encontrado un espacio seguro y de confianza en sus comunidades de fe. Esto se debe, en gran parte, a los numerosos casos de abuso y mal manejo de estas situaciones. Lamentablemente, en muchas iglesias, estos casos se han tratado con un lenguaje carente de amor, sin dar lugar a la gracia de Cristo para actuar poderosamente y restaurar la vida de las personas.

Gálatas 6:1 RVR1960
◆ *"Hermanos, si alguno fuere sorprendido en alguna falta, vosotros que sois espirituales, restauradle con espíritu de mansedumbre, considerándote a ti mismo, no sea que tú también seas tentado."*

Aunque el discipulado no es un espacio destinado únicamente para hablar de traumas o pecados, es natural que surjan situaciones en las que tu discípulo se abra contigo. En ese momento, es crucial que tengas claro cuál debe ser tu actitud. Según Pablo en **Gálatas 6:1**, debemos actuar con un espíritu de mansedumbre y restauración, viendo la gracia y justificación de Cristo en el hermano que tenemos en frente, recordando siempre que nosotros mismos también somos vulnerables y podemos caer.

Compromisos al discipular

Con esto en mente, traemos una lista con cada uno de los compromisos y responsabilidades de un discipulador, principalmente para con Dios, pero también para con aquellos que están siendo discipulando por nosotros:

◆ La confidencialidad es nuestra regla de oro

El primer paso para generar un espacio seguro para las personas es brindarles la confianza de que están en un lugar donde pueden abrir sus corazones sin miedo a ser expuestos en público. Piensa en tu propia vida: si decides dar el paso de fe para confesar algo por lo que has pasado o con lo que estás luchando, no querrás que los demás se enteren, especialmente si esas personas no han demostrado una actitud de amor y restauración hacia ti. Pero esto es algo que, sin duda, esperamos de nuestro discipulador - que nos ame y busque nuestra restauración, por eso decidimos abrir nuestro corazón especialmente con esa persona, porque confiamos en ella.

Si decides compartir con un tercero lo que tu discípulo te ha confiado, lo más probable es que su proceso de discipulado termine en ese momento, y perderás la oportunidad de ayudarlo a salir de su situación difícil. Además, estarás creando una mala imagen de quienes somos seguidores de Cristo.

Además, para esas situaciones, recuerda siempre mantener el equilibrio entre gracia y verdad, tal como hablamos en el capítulo anterior.

◆ La crítica nunca ha cambiado vidas

Como complemento del compromiso anterior, es

importante entender la diferencia entre hablar verdad a la vida de una persona y juzgar su comportamiento de forma despectiva. La verdad, cuando se acompaña de amor, tiene el poder de restaurar la vida de una persona. Esto es así porque no solo le permite ver su error —lo cual es crucial para el cambio—, sino que también le ofrece una mano amiga de esperanza, mostrándole que su identidad no está definida por sus errores.

Juan 7:24 (RVR1960)

- *"No juzguéis según las apariencias, sino juzgad con justo juicio."*

La Biblia no nos impide juzgar en el sentido estricto de la palabra, ya que juzgar implica analizar una situación para sacar conclusiones. En ese sentido, el enfoque está en el tipo de juicio que aplicamos, el cual, lamentablemente, muchas veces no es justo. No ha existido juicio más justo que el de Dios, pero su juicio siempre viene acompañado de la gracia de Cristo, que nos invita a salir de nuestra condición de maldad. Este es el principio que tu discípulo debe ver en ti cuando cometa un error.

◆ **Es mejor guardar silencio que responder con un error**

En el discipulado, es natural sentir la necesidad de responder con lógica y precisión a cada situación que la persona discipulada pueda plantear. Sin embargo, es crucial reconocer que no siempre se pueden tener todas las respuestas. Aunque el discipulador suele ser alguien con más experiencia, es posible enfrentarse a dilemas difíciles de resolver, ya sea por una pregunta compleja o por un acontecimiento en la vida del discípulo. En esos casos, para evitar confusión o hablar fuera de la guía del Espíritu Santo, lo mejor es guardar silencio. Muchas veces, las personas necesitan más ser acompañadas que recibir respuestas que satisfagan su razón. En lugar de apresurarse a responder, pueden orar juntos, pidiendo a Dios que les enseñe, y los dos pueden investigar hasta encontrar una respuesta adecuada.

Además, la disciplina del silencio es muy útil en la vida del mentoreo, de esa forma se puede conocer profundamente el alma de una persona, escuchando con atención lo que tiene por decir, analizando sus pensamientos y emociones, intuyendo, a través del Espíritu Santo, la condición en la que pueden estar. Recuerda que *debemos ser prontos para oír y tardos para hablar*. Saber escuchar con atención te va a permitir realizar preguntas apropiadas para esclarecer los pensamientos de tu discípulo. Jesús fue experto en hacer preguntas apropiadas, y eso fue justamente porque era un gran oyente.

◆ **La oración sostiene nuestras relaciones de discipulado**

Al comenzar un proceso de discipulado, nos comprometemos a velar por la vida espiritual de quienes estamos guiando. No hay necesidad más vital para la vida espiritual que la oración, pues es en ella donde permanecemos conectados a la fuente de vida.

Una manera de demostrar amor y compromiso por una persona es orar por ella, entregando cada situación de su vida en las manos de Dios. Para que una persona crezca en Cristo, la fe es indispensable; al orar, vivimos confiando en que Dios nos escucha y responderá conforme a Su voluntad, la cual es buena, agradable, y beneficiosa tanto para el discípulo como para el discipulador.

Jesucristo fue el mayor ejemplo de oración en el ministerio; cada decisión y situación que enfrentó la puso bajo el control de Dios.

◆ **Mi crecimiento me va a permitir ayudar de forma más eficiente**

Si bien es cierto que para discipular no se exige un nivel específico de preparación, se espera que quienes guían a otros hacia Cristo también estén caminando hacia Él. Por eso, el crecimiento personal del mentor es esencial. Es prioritario que se busque continuamente a Dios, para mantenerse en comunión con Él, creciendo en la gracia y el conocimiento de Cristo. Este es un estado fundamental para poder poner tu experiencia, y lo que Dios está haciendo en ti, en servicio hacía los demás.

La preparación y la educación siempre serán una buena idea, ya que te brindan más herramientas que Dios puede usar en momentos clave. Una persona que deja de educarse es una persona que deja de enseñar.

Recomendación de un amigo a otro

En definitiva, el discipulado no es una tarea que busque reconocimiento humano. A menudo, no recibiremos muestras visibles de gratitud o resultados inmediatos de nuestro esfuerzo. Sin embargo, ese no debe ser nuestro enfoque. El verdadero propósito del discipulado es reflejar la gloria de Cristo y participar en su obra redentora en la vida de otros. Es en ese acto de obediencia desinteresada donde encontramos nuestra satisfacción, sabiendo que, aunque no veamos siempre frutos visibles, Dios está obrando de manera profunda en los corazones.

A través del discipulado, llevamos nuestras cargas y las de otros a Cristo, confiando en que Él es quien produce el crecimiento. Por eso, aunque el discipulado no sea *'agradecido'* en términos humanos, el gozo y la recompensa que encontramos no se comparan con nada terrenal, pues estamos cumpliendo el llamado de servir y glorificar a nuestro Señor. Recuerda que es su gloria la que nos impulsa a continuar.

CÓMO DISCIPULAR A UN ADOLESCENTE

En una de mis reuniones de discipulado con un adolescente, tuve la necesidad de hacer un diagnóstico de cómo estaba siendo este tiempo de crecimiento mutuo, como una forma de rendir cuentas. Cuando estaba preparando esta sesión, en medio de mi paranoia, la nombré "La sesión más difícil" porque sinceramente, tenía miedo de que las respuestas fueran negativas o desalentadoras, lo que demostraría que alguna parte del proceso estaba fallando.

Suelo escribir textualmente lo que voy a decir para no olvidar detalles importantes, así que escribí lo siguiente:

"Acompañarte me ha cambiado la vida por completo, veo un panorama más grande de cómo funciona el ser un creyente y he disfrutado cada segundo. Pero ¿Y tú?

Al menos para mí ha sido orgánico el reunirnos para hablar y crecer juntos, me refiero a que no ha sido una obligación, sino que disfruto compartir contigo, ¿Que ha significado para ti el reunirnos periódicamente en este último tiempo?

A lo que Él respondió lo siguiente.

"Me ha transformado la vida"

Si observamos a grandes rasgos podemos definir de una manera sencilla, que la trayectoria humana comienza con una niñez arraigada a figuras paternas, donde con el pasar de los años se desprende en una "rebeldía" inevitable. El término forjado alrededor de esta etapa escandalosa es "adolescencia" que desde el aspecto del origen de la palabra deja mucho a la interpretación, ya que viene del latín *"Adolesco"* Que significa "Adolecerse" y se traduce en la práctica de la palabra como "crecer a pesar de todo, con dificultades"[7]

En definitiva, ahora conocemos que la adolescencia no es una etapa evitable y que más bien es un periodo sumamente importante de la vida, ya que es en la adolescencia donde se producen grandes cambios físicos, cognitivos, sociales, psicológicos y por supuesto espirituales. Biológicamente es una etapa llena de cambios que trasciende los contextos culturales, marcada por cambios sexuales, neuroendocrinos (Sobre el sueño y el

---

[7] Magaña, M. (2003). La adolescencia hoy. *Anales de Pediatría (English Edition)*, *58*, 95–96. https://www.analesdepediatria.org/en-la-adolescencia-hoy-articulo-13048410

descanso), hormonales, neuronales, entre muchos otros.

Quiero que demos un vistazo a un aspecto de cambio sumamente importante en la vida del adolescente, y es el cambio relacional, es en la adolescencia donde hay un desarrollo continuo de la corteza prefrontal, lo cual se traduce en un mayor interés en hacerse preguntas más profundas acerca del mundo que los rodea, haciendo que el adolescente se concentre más en sus interacciones sociales, esto ocasiona que los adolescentes asuman más riesgos en cuanto a sus relaciones, ya que, el factor social es tan importante que pueden tomar riesgos relacionales, dejándose llevar por las ideas de la cultura contemporánea y las tendencias mayoritarias.

A Partir de eso no es de extrañarse que las estadísticas recopiladas en un artículo por got questions[8] afirman que según grupo Barna y USA today, el casi 75% de los cristianos jóvenes abandona la iglesia después de la secundaria.

Otro estudio realizado por el seminario Fuller determinó que el factor más relevante para que los jóvenes abandonen la iglesia es no contar con un espacio seguro donde puedan expresar sus dudas y preocupaciones sobre las escrituras y su fe. Esto apela directamente a la necesidad de un acompañamiento genuino y comprometido con los adolescentes de nuestra iglesia.

---

[8] *¿Por qué tanta gente joven se está alejando de la fe?* (s/f). Gotquestions.org Español. Recuperado el 1 de octubre de 2024, de https://www.gotquestions.org/Espanol/desercion.html

Invertir tiempo, esfuerzo, oración y todos los arsenales espirituales y relacionales disponibles para impactar la vida de nuestros adolescentes, es fundamental para desarrollar el modelo de discipulado de Jesús. ¿Cuántos años de edad crees que tenían los discípulos de Jesús?, aunque no sabemos con precisión qué edad tenían, reconocemos que en la cultura judía se esperaba que los discípulos de un rabino fueran menores en edad, y sabemos que un joven judío podía empezar su entrenamiento con un rabí a partir de los trece años[9].

El señor Jesús escogió a adolescentes y jóvenes no solo para formarlos en las verdades de la luz, sino ¡Para transformar el mundo entero! Este es un llamado concreto a trabajar en la vida de los adolescentes no como una obra de mantención nominal de la iglesia, sino como una inversión directa en la transformación del mundo entero y en la extensión del reino de Cristo.

Adolescente más que una edad, es una etapa.

Si nos basamos únicamente en el concepto biológico podríamos definir que la adolescencia como proceso físico estaría marcado desde los 10 años hasta los 24 años donde se logra el desarrollo completo del hipocampo y la fijación de redes neuronales concretas que permiten tomar decisiones "Adultas"[10], pero reconocemos que hay

---

[9] Barrios, J. (2024, febrero 21). Se busca: Líder de jóvenes como Jesús. *Coalición por el Evangelio*.
https://www.coalicionporelevangelio.org/articulo/lider-jovenes-jesus/
[10] Gaete, V. (2015). Adolescent psychosocial development. *Revista chilena de pediatría*, *86*(6), 436-443.

promedios incluyendo aspectos socioculturales que asocian al adolescente en la edad de los 12 a los 18 años, dado el desarrollo de la sociedad actual.

Por lo que tenemos que hablar de términos de "Etapas" más que de "Edades" ya que es posible encontrarnos con aparentes adolescentes, pero con muchos rasgos de jóvenes, y muchos jóvenes con rasgos adolescentes.

Reconocer la etapa de desarrollo en el que nuestro discípulo se encuentra es de suma importancia para entender su corazón, y amarlo desde un enfoque pragmático y responsable, donde centramos nuestros esfuerzos de mentoreo en acoplar y aterrizar las verdades de Cristo para cada contexto y para cada corazón.

Se tiende a ver a la población adolescente de las iglesias, como años que "Quemar" o que "Pasar" solemos utilizar frases como "Tendrá que madurar algún día" "Que terrible lo que está pasando con tu hijo adolescente, esperamos que pronto quiera volver a la iglesia" "¿Porque mi hijo ya no quiere tocar en la alabanza? esto es fruto de la adolescencia, no sabe las bendiciones que se está perdiendo, ojala vuelva pronto" como algo que pasara con el tiempo, pero no nos permitimos ver esto como una etapa en la que contestar dudas puntuales y más complejas acerca de la realidad de la fe y la suficiencia de Cristo a todas sus preguntas.

No esperemos que nuestros adolescentes pasen esos años sin pena ni gloria, más bien acompañémoslos en amor y acción, llevando una relación continua que calla las voces exteriores y realza la voz de la verdad de Cristo por medio de una relación constante y real.

¿Cómo conocer realmente el corazón de un adolescente?

Una vez que hemos emprendido la misión de mentorear a un adolescente es importante comenzar a familiarizarnos con sus realidades, tenemos que conocerlos, pero no se trata de solo conocer sus gustos musicales, sus equipos de fútbol favoritos, el colegio al que asisten y cuál es su comida favorita, debemos aspirar a conocer sus corazones. ¿En qué creen? ¿En qué lugar está Dios en sus vidas? ¿Cuál es su relación con la iglesia? ¿De qué duda su corazón? ¿Cómo gestionan su lucha con el pecado?

Los adolescentes tienen cierta dificultad para conocer su corazón, sus intenciones y su realidad; ya que esta etapa se caracteriza por una búsqueda de identidad y un lugar en el mundo; ya no son niños que dependen 100% de papá y mamá, pero tampoco jóvenes con un grado de libertad de decisión y acción, ni mucho menos adultos con una independencia total. Necesitan que como mentores les ayudemos a plasmar las realidades de su vida y su situación actual.

Jesús se caracterizaba por hacer muy buenas preguntas, y no es de extrañarse del gran maestro ya que las buenas preguntas requieren de un alto grado de trabajo reflexivo para contestarlas, esa es una intencionalidad importante a la cual llegar con nuestros adolescentes, llevarlos a un estado de reflexión en el que puedan encontrar respuestas que quizás ellos ni siquiera han pensado.

El ejercicio más efectivo que he encontrado para llegar a la profundidad del corazón de mis adolescentes, es un ejercicio reflexivo de 3 partes donde los invito a pensar en su última temporada de vida, al que he denominado "Ejercicio salvavidas"

- Comienzo explicando que vamos a hacer un ejercicio, donde la vulnerabilidad y la transparencia son sumamente importantes, que no voy a compartir sus respuestas con nadie, no voy a juzgar sus respuestas, ni hay respuestas correctas o incorrectas.

- Después tomó una hoja de papel, la cual divido en 3 partes y en cada una de las secciones escribo una pregunta:

  - **¿Qué está llegando a mi mente en esta última temporada?**
  - Defino que pueden ser pensamientos, situaciones, personas...

  - **¿Que siento física, emocional y espiritualmente?**
  - De nuevo divido en 3 esa sección de la hoja, y pido

que escriban todo lo que sientan, que no repriman nada por vergüenza o temor y agradezco por su transparencia.

- **¿Qué estoy haciendo con lo que siento?**
- Les recuerdo que términos como "nada" y "muy poco" son válidos, y que, si hay respuestas negativas, también es importante escribirlas.

Las respuestas a este ejercicio suelen ser mucho más profundas de lo que se imagina antes de realizarlo. No anticipes lo que te responderán ni compartas tus propias respuestas mientras ellos desarrollan el ejercicio. Prefiero optar por el silencio mientras lo realizan y desviar mi mirada hacia otro lugar.

Cuando te afirmen que han terminado el ejercicio, agradece nuevamente por su transparencia y hazles saber, con su permiso, que procederás a leer lo que han escrito. En la primera pregunta es común encontrar expresiones como **"A veces"** o **"Muy pocas veces"**, junto a comentarios poco positivos como ansiedad, depresión o pensamientos negativos. Estas expresiones suelen minimizar el impacto de sus respuestas, lo cual es normal en una primera reunión, donde la confianza aún no es plena. Cuando veo estas palabras, suelo preguntar: "¿Cuándo fue la última vez que lo pensaste o lo sentiste? ¿Con qué frecuencia lo sientes o lo piensas?". En la mayoría de los casos, descubro que estas emociones o pensamientos son mucho más frecuentes y ocupan gran parte de su mente cotidianamente. Puedes acoger su realidad con palabras de afirmación como "Gracias por compartirlo" o "Lo siento mucho", y reflejar tu vulnerabilidad diciendo: "Puedo entender cómo te sientes; yo también viví o vivo algo similar".

Si encuentras respuestas muy fuertes, con ideas autolesivas o extremadamente negativas, es importante que actúes con mayor cuidado y responsabilidad. Sé real y transparente: "Tus respuestas me preocupan mucho. ¿Hay algo en lo que pueda ayudarte ahora mismo?" o "¿Te gustaría contarme más acerca de esto? Eres importante para mí y estoy aquí para escucharte y apoyarte". Si te enfrentas a situaciones que escapan de tu control, como ideas suicidas, es fundamental que le hagas saber que hablarás con sus padres para construir una red de apoyo más amplia.

En la segunda pregunta, es común ver palabras como "cansancio, desánimo, tristeza, estrés, dolor de cabeza, sin ganas de orar, desconectado". Suelo comenzar validando sus sentimientos y ofreciendo consejos prácticos que pueden mejorar su salud espiritual, emocional y física. En relación a la tercera pregunta, recomiendo un correcto descanso, prácticas devocionales adaptadas a su estilo de vida, además tengo una práctica espiritual específica: los motivó a reflexionar que todo lo que están sintiendo y que ocupa su mente, probablemente no ha sido rendido a los pies de Cristo. Así que los invito a que, **juntos**, durante al menos una semana, hagamos la oración "Papá".

Fig. 2. Ficha oración "papá"

Los invito a que puedan pensar en su día a día, y encuentren un lapso específico de al menos 15 minutos donde puedan realizar esta práctica, los animo a pensar en un lugar específico y una ambientación premeditada. Esta oración está compuesta por 4 ítems en forma de acrónimo haciéndola fácil de recordar y aplicar:

- **Preséntate:** Se una persona real en la relación, no finjas nada ¿En dónde te encuentras? se real en tus luchas, situaciones y realidades ¿Cómo está mi corazón? ¿Qué es lo que me está cargando? describe en oración lo más detallado posible, incluye nombres propios no romantices nada y se explícito.

- **Atento:** ¿Que estoy pensando sobre Dios en mi situación? no tienes que dar explicaciones, de nuevo se real, dile a Dios lo que tu corazón piensa acerca de él en ese momento, es acaso Dios para mi corazón, ¿un padre gruñón que no quiere que le hable?, ¿una máquina expendedora que me dará lo que le pida?, ¿un personaje distante y frío? ¿Un padre tierno y amoroso?

- **Purifícate:** Confiesa todo tu pecado, recordando tu relación con él, reconoce que has fallado y que necesitas de su tierno amor, que te arrepientes de pensar cosas equivocadas sobre su corazón, y suelta todas tus cargas delante de él.

- **Acércate:** Reconoce las verdades que Cristo ya ha dicho sobre tu vida, recuerda que él es un padre amoroso y fiel que te ama con amor eterno; reconoce que hay otras personas y cosas que realmente te importan mucho, pero que quieres a Dios tanto que todas las demás cosas buenas de la vida pasarán a deseos secundarios y que deseas que él sea el centro de toda tu vida.

Conocer el corazón de tus adolescentes es una tarea constante, que se nutre directamente de las interacciones que mantengas con ellos a lo largo del tiempo. Lo importante aquí es ser intencional, apelando al corazón y planteando preguntas difíciles. No se trata de ver sus realidades como oportunidades para sermonear o dar discursos formales, sino para ayudarlos a ver su propia vida con mayor claridad, a través de los ojos de Cristo.

Una vez que ellos se hayan dado cuenta de las realidades de su propio corazón, es cuando el acompañamiento cobra mayor relevancia. Esta es la oportunidad de profundizar en cada aspecto que ellos ahora reconocen, trabajando juntos bajo las Escrituras y las enseñanzas de Jesús.

Cuestiones prácticas y aparentemente cotidianas, como leer la Biblia, pedir perdón, arrepentirse, rendir cuentas o hablar con alguien, adquieren un sentido mucho más profundo cuando los guiamos a rendir las realidades de su vida en estos aspectos. Los estamos desafiando a modelar a Jesús en cada una de las dinámicas e interacciones de su día a día, apelando directamente a su corazón.

Los retos que siempre vienen

Ciertas plantas germinan y crecen durante sus primeros días siguiendo su naturaleza, pero llegan a una etapa en la que las células nuevas son más frondosas, rígidas y complejas, lo que pone en riesgo la estructura e integridad de la planta. Cuando estamos en un cultivo controlado, se coloca un "tutor", un agente externo más firme que le da sostén a la planta, permitiendo que esta crezca con mayor rigidez y apoyo a su estructura. En la naturaleza es aún más sorprendente, ya que estas plantas deben encontrar una planta más fuerte a la que aferrarse en una asociación, o de lo contrario, mueren.

Definimos el inicio de la adolescencia como una etapa marcada por la disolución de la niñez, trayendo consigo nuevos retos, pensamientos más complejos y una mayor necesidad de respuestas bien fundamentadas y sustanciosas. Sin embargo, al ser una carga repentina y nueva para el adolescente, tiende a dejar que sus ideas lo "desplomen", como una planta sin "tutor". Por eso, el rol del acompañamiento es tan importante. Al igual que a la planta, al adolescente le resulta difícil adaptarse a una nueva realidad con mayores retos y preguntas.

Pero, ¿por qué siempre hablamos de los retos que conlleva para los demás estar cerca de adolescentes? ¿Alguna vez nos hemos detenido a preguntarnos cómo podemos mejorar para brindar un espacio de seguridad, valor y crecimiento a nuestros adolescentes en medio de sus desafíos? Por supuesto, esto no es un llamado a la condescendencia, pero definitivamente es un llamado a la empatía.

Todo reto que venga, sea de la parte que sea, es una consecuencia directa del problema relacional del pecado, donde el adolescente comienza a reconocer que sus retos y problemas son el resultado del daño en la relación entre Dios y él, entre él y los demás, y entre él y su propia mente.

Pero algo desde mi propia vida, es que estos caos relacionales no se aprenden con solo leer una vez en que consisten, sino que necesitan de una total gestión, atención y cuidado, reposando en las verdades transformadoras que Cristo ya ha traído.

Por eso considero que solo existen dos grandes formas de enfrentar estos retos, de una manera terapéutica ofreciendo las verdades de la gracia de Cristo en todo el proceso, recordando que él ha venido a resignificar todo dolor y sufrimiento; o de una manera pesimista y juzgadora donde solo nos centramos en dar diagnósticos superficiales de las situaciones difíciles, nos quejamos de cómo los adolescentes son una generación perdida y simplemente juzgamos sin hacer absolutamente nada.

Definir estos retos de una manera puntual, sería una tarea sumamente larga, por lo que daré los más significativos para cada área relacional, y una forma terapéutica de abordarlos y rendirlos a Cristo.

-Entre Dios y él:

En la mayoría de los casos nos encontramos ante una relación que solo ha sido nutrida por las voces de figuras externas, el crecimiento desde la niñez en un ambiente Cristiano, o las costumbres familiares. por eso entre los mayores retos se encuentra:

- Tener un encuentro personal con Dios, como una figura real y cotidiana.

- Encontrar valor en el tiempo devocional y darle un propósito genuino, más allá de la rutina.

- Responder a preguntas sobre Dios, y derribar mitos que pueden poner en riesgo su fe.

-Entre él y los demás:

Recordemos que los adolescentes sienten una mayor inclinación por seguir las interacciones sociales aceptadas, por lo que sus relaciones interpersonales más fuertes suelen estar basadas en gustos, aceptación, y la sensación de pertenecer; por lo que al empezar una relación de mentoreo vienen desafíos en ser auténticos y mostrarse como un todo sin importar el contexto en el que se encuentre, retos como:

- Mantener la integridad en sus relaciones frente a la presión social.

- Balancear la autenticidad y el deseo de ser aceptados, lo que puede llevarlos a sacrificar valores.

- Llevar una doble vida.

- No tener argumentos sólidos para defender su fe en sus contextos cotidianos.

- Problemas al relacionarse con creyentes de mayor edad.

-Entre él y él:

Considero que es el terreno más difícil, los cambios hormonales, la falta de descanso común en adolescentes, las interacciones sociales, las dudas espirituales; traen sin duda una batalla campal en la mente de nuestros adolescentes; es de vital importancia reconocer y validar estos retos como una realidad y no como capricho o cosa de nuevas generaciones, los desafíos más comunes son:

- Gestionar la incertidumbre.
- El temor al futuro.
- Malestares emocionales (Ansiedad, depresión, autosabotaje).
- Lidiar con la autocrítica.
- Evasión de responsabilidades.
- Pornografía, masturbación.

- ¿Cómo abordar estos retos?

Para nosotros, como discipuladores, el reto adicional radica en cómo abordar estos temas. En adición a todo lo anterior, los adolescentes a menudo tienen cambios de humor repentinos, una falta de constancia en los encuentros y dificultades para establecer rutinas. Pero aquí es donde nuestra paciencia y flexibilidad entran en juego, adaptándonos a su proceso sin perder de vista el objetivo: ser una fuente de apoyo constante, sin importar la montaña rusa emocional que ellos estén atravesando.

Lo principal es motivarlos a pensar que todos esos retos y dificultades deben ser superados y/o gestionados por Cristo, no por sus propias fuerzas o con un ahora tan cotidiano "You can do it", debemos motivarlos a postrar todo a Cristo como su sumo redentor y amoroso padre.

Haz preguntas intencionales ¿Te gustaría tomar pasos de acción hacia esto?, ¿Quieres mi consejo, o prefieres que solo te escuche?, Tuve una situación similar ¿Te gustaría conocer que hice para gestionarlo?, quizá te sirva.

Si su actitud hacia el desafío que ahora conoce es una de cambio, ayúdalo a encontrar pasos de acción claros, efectivos y medibles que él puede tomar en un determinado tiempo. Sé lleno de gracia, no exijas más de lo que ni tú harías, si falla o vuelve a caer, anímalo a levantarse (Santiago 5:19 -20)

No eres su papá

Es tentador, especialmente cuando te involucras profundamente en la vida de un adolescente, querer llenar todos los espacios que parecen vacíos. Si el adolescente enfrenta problemas con sus padres, o si estos están ausentes de su vida, puedes sentir la necesidad de ser esa figura que supla lo que falta. Pero este es un error común y peligroso, no podemos hacernos responsables de decisiones que solo corresponden a los padres, a veces la mejor forma de ayudar es precisamente no haciendo nada; no ahondemos en problemas que no nos corresponden.

Como discipulador, eres una figura significativa en la vida del adolescente, pero no puedes ni debes asumir el rol de sus padres. Existen límites claros que, si no respetamos, no solo arriesgamos confundir al adolescente, sino también erosionar la relación con su familia. Un discipulador no es un sustituto parental ni una especie de "Nana" o tutores legales; somos guías, compañeros de viaje en la fe, pero no responsables de suplir el amor, la disciplina o la autoridad que corresponde a sus padres.

- ¿Hasta dónde debemos llegar?

Es crucial mantener una línea clara entre el discipulado y la paternidad. Nuestro papel es ayudar al adolescente a desarrollar una relación más cercana con Dios, ofrecer consejo y apoyo, pero siempre recordando que los padres son quienes tienen la autoridad final sobre sus hijos. Esto significa:

- No interferir en decisiones familiares, a menos que se trate de situaciones de abuso o peligro.

- No suplir las necesidades emocionales que requieren la intervención de los padres, como el afecto incondicional o el establecimiento de reglas claras en el hogar.

- Mantener la comunicación abierta con los padres, informándoles de cualquier situación que afecte directamente al bienestar del adolescente, especialmente si hay riesgo para su seguridad emocional o física.

En situaciones de peligro, es imprescindible que los padres estén informados. Si el adolescente está pasando por una crisis que implica riesgo para su vida o su bienestar, como pensamientos suicidas, problemas de adicciones o abusos, debemos actuar con responsabilidad. Aunque el adolescente confíe en nosotros, no podemos resolver estos problemas en secreto ni llevar estas cargas solos. Es nuestra responsabilidad involucrar a los padres o tutores, e incluso a profesionales, si es necesario.

Finalmente, recuerda: no estás llamado a ser el héroe de la historia del adolescente. Tu papel es ser un facilitador del encuentro con Cristo, y Cristo es quien lleva el peso de su restauración.

Una conclusión "adolescente"
Animémonos a "crecer aun en medio de las dificultades", a ser misionales e impactar las vidas de nuestros adolescentes para cumplir la gran comisión, mientras disfrutamos de los bondadosos frutos del mentoreo. Con el tiempo, te aseguro que no lo sentirás como una carga o rutina, sino como un espacio de transparencia, crecimiento, gracia y afecto.

Las estadísticas nos revelan la urgencia y la oportunidad que tenemos. Según el grupo Barna junto con Alpha (et al), muestra que el 79% de los adolescentes de América latina dice creer en la fe cristiana, donde el 29% se consideran protestantes. de los cuales solo el 6% dice ser un cristiano comprometido[11]. Estos números reflejan una gran realidad: aunque la mayoría reconoce la fe, pocos la viven profundamente. Aquí es donde nosotros, como mentores, podemos hacer la diferencia. Nuestro trabajo no es simplemente acompañarlos en su jornada, sino caminar junto a ellos para profundizar en la fe y en las verdades de Cristo.

---

[11] *Una generación más abierta*. (n.d.). Alphaados.org. Retrieved October 3, 2024, from https://www.alphaados.org/es/barna/

Invertir en los adolescentes no es solo una tarea para hoy, sino una semilla para el futuro de nuestras comunidades. Podemos cambiar cifras, podemos impactar más vidas, y podemos animar a esas vidas impactadas a animar a otros. Porque cada adolescente que mentoreamos tiene el potencial de convertirse en un líder, en un discipulador, en alguien que influya en otros. Esa es la cadena de discipulado, esa es la misión que Cristo nos encomendó.

Solo con ver lo que Cristo ya está haciendo en la vida de los adolescentes que mentoreo, me siento animado a seguir reuniéndome con ellos. Cada encuentro se convierte en un espacio de comunión, de crecimiento en la fe, y de amistad sincera. Y en esos momentos, cuando ves el fruto de tu inversión; no solo en su relación con Dios, sino en su carácter y vida cotidiana te das cuenta de que cada conversación, cada oración, y cada tiempo de calidad vale la pena. Así que sigamos adelante, impactando vidas, construyendo futuros y cumpliendo con la misión que nos ha sido dada.

CÓMO DISCIPULAR A UNA PERSONA CON UNA HISTORIA DIFÍCIL

"Cuando tenía ocho años, cambié mi perro de peluche por un bolígrafo y papel, y desde entonces soy escritor. Cuentos, poemas, obras de teatro y eventualmente: escribo cuando estoy inspirado. Esto es lo que realmente me distinguió en la escuela y en la iglesia. Nadie entendía por qué no me gustaban los autos, deportes y videojuegos. Como resultado, fui acosado constantemente en la escuela. Yo era un solitario.

En el sexto grado, nuestra maestra asignó registros de diario semanal para que le entreguemos. Al principio, como todos los demás, escribía sobre lo que hice el fin de semana o dónde esperaba que fueran nuestras vacaciones familiares en el verano. Pero con el tiempo, comencé a utilizar esto como una salida para abrirme y realmente confiar en mi maestra.

Había sido abusado sexualmente, y escribir fue una especie de alivio del dolor que guardaba dentro.

Pero no le dije nada sobre el abuso. Estaba muy avergonzado, también desconcertado. En el momento, pensé que era mi culpa. Fui abusado entre los cuatro y seis años de edad, y me sentí como si necesitase que fuese un secreto.

Mientras crecía, me sentía avergonzado, traicionado. Dudé de mí mismo porque me preguntaba: si no alcé la voz desde un principio, ¿fue porque lo disfrutaba?

No creía en mí mismo. Me consideraba como alguien que nunca representaría nada en mi vida. No confiaba en nadie y solamente hablaba cuando me hablaban. Como los moretones que recibía en la escuela, pensaba de alguna manera que también debía merecer que abusaran de mí. Traté de enterrar la memoria del abuso, pero los efectos secundarios fueron obvios: falta de autoestima, falta de confianza. Me odiaba a mí mismo hasta el punto en que empecé a darme golpes, y de hecho creía que merecía todo el dolor que me estaba causando. Estaba adormecido por todo lo demás, excepto por mi dolor físico: al menos sentía algo.

La secundaria probó ser más difícil. Dudé de mí mismo y seguía pensando sobre cuando fui abusado sexualmente. ¿Por qué nunca dije nada? ¿Fue porque disfruté la experiencia? Mi abusador no tenía idea de cuán dañino psicológicamente eso fue para mí. Finalmente tuve un sentido de auto valoración cuando fui aceptado en el programa de teatro de la Universidad. Estudiar teatro me permitió soñar, ser desafiado, sentirme vivo. Sin embargo, fui muy bueno en guardar mi secreto y yo aún no me he abierto a alguien sobre lo que me pasó. He bloqueado la mayoría de ello.

A los 22 años, empecé a formar amistades reales con personas que verdaderamente me amaban por quien era. Pero la realidad de mi pasado seguía persiguiéndome. Si iba a estar totalmente completo y libre, tenía que enfrentar el secreto que estaba escondido en lo profundo de mi corazón. Estos amigos me incluyeron en actividades que nunca había hecho porque fui rechazado en la secundaria. Me costó recibir verdadera amistad y amor. Mi pasado estaba obstaculizando mi futuro.

Había tanta vergüenza, y todavía no había logrado contárselo a nadie.

Durante este tiempo, empecé a tener recuerdos y sueños sobre el abuso, los cuales fueron tan dolorosos como la experiencia misma. Algunas veces, parecían como si fuesen otra violación: me despertaba pensando que alguien había estado en mi habitación y que había pasado de nuevo. Había tanta vergüenza y todavía no había logrado contárselo a nadie.

El miedo al rechazo me estaba atormentando de nuevo. Pero me arriesgué y le conté a un amigo cercano lo que había pasado de niño. Fue un gran avance. La mejor forma de terapia es tener amigos cercanos que te traten con dignidad y respeto, y que estén dispuestos a escuchar cuando necesites hablar. También aprendí a aceptar amor y a creer que era digno de recibir ese amor.

Muchas veces, como hombres, no destacamos lo importante que es profundizar y hablar sobre los problemas que enfrentamos. Como víctima masculina de abuso, pensé que reforzaría aún más la impresión de que yo era débil.

Pero hablar en voz alta, dar el paso de confiar en alguien, era justo lo que necesitaba para dejar de lado el dolor. Tratar mi propio dolor también me ha permitido estar disponible para que otros confíen, sin temor a ser juzgados o rechazados. Hablando de ello, aceptando la genuina aceptación y el amor de los demás, negándonos a aceptar cualquier responsabilidad por lo que sucedió: estos fueron los pasos necesarios que me llevaron por el camino de la curación.

Si eres sobreviviente de abuso sexual, las heridas son profundas, las cicatrices son severas, las emociones son complejas. Pero no estás solo."[12]

La anterior historia es tomada de *yoenfrento.com* un

---

[12] *Yo Enfrento: Abuso sexual*. (s/f). Yo Enfrento. Recuperado el 5 de octubre de 2024, de https://yoenfrento.com/abusado-sexualmente

sitio web con historias difíciles que otros creyentes han vivido; desde el abuso a sexual como la historia de Shane anteriormente descrita, hasta el abandono y las adicciones. Al final de cada artículo se dice "no estás solo" y aparece un recuadro con la frase "No tienes que enfrentar esto solo, Habla con un mentor, es confidencial." detrás de las pantallas hay mentores reales dispuestos a escuchar todo tipo de historias difíciles.

Te sorprendería conocer la cantidad de testimonios que llegan al centro de mentores día tras día, y en la mayoría de las historias difíciles es cotidiano encontrar respuestas tales como "Nunca le he contado esto a nadie" "No confió en nadie que conozco para contarle esto"

¿Por qué nos escandalizan las historias difíciles?

Escuchar sobre sexo, drogas, violencia siempre ha parecido escandalizarnos como humanos, en especial para los creyentes, en algunos casos somos expertos construyendo términos sofisticados y románticos para aliviar la reacción, frases como "Cosas difíciles" "Situación dolorosa" "Pecado fuerte"

El génesis comienza con una creación increíble, donde el orden reina y la plenitud es completa, el hombre es creado en este estado, pero en génesis 3 el hombre cae y desencadena un conjunto de dolores y situaciones difíciles que se extienden por toda la biblia, pregúntate ¿Qué libro de la biblia, no incluye ninguna referencia a la violencia o el pecado escandaloso? te darás cuenta que ninguno.

El pecado trajo consigo consecuencias cósmicas, donde todo está roto y hay dolor por todas partes, pero Cristo llega con una solución incluso más cósmica que consiste en su muerte en una cruz y su resurrección, para así levantar a miles de sus hijos a profesar de su bondad y su amor por cientos de generaciones hasta que vuela de nuevo. (Romanos 8:19)

Alejandra Sura[13] dice que la muerte y el dolor es algo tan profundamente escandaloso, que parece que recordamos más la cruz, los clavos y la muerte de Jesús, que su gloriosa resurrección y restauración. "La tumba vacía es más grande que la muerte"[14]

Eso mismo pasa con las personas que llegan con una historia difícil a nuestras comunidades de fe, nuestro corazón se exalta con la vanidad de la sintomatología del pecado, pero no se entristece ni se compromete en abrazar a un potencial discípulo que merece ser amado y mentoreado.

Ana María Quiles es PhD en psicología, cuenta con una maestría en divinidades y una maestría en currículo y enseñanza, psicóloga de profesión y miembro activo del Movimiento Defensores de la Fe Cristiana, destacada por

---

[13] Máster en Consejería bíblica, graduada del Seminario Teológico Westminster. Practica la consejería privada, es conferencista y profesora, así como creadora de contenido.

[14] Nota inspirada del podcast "El odio a uno mismo" por Alejandra Sura.

su trabajo con jóvenes desde hace más de 30 años, y sirve como directora de niños y juveniles DFC desde hace 20 años.

Ella con su alto grado de experiencia escribe:

Muchos de los jóvenes que llegan a nuestra iglesia traen consigo situaciones dolorosas que les impiden alcanzar el propósito de Dios para sus vidas. Vivimos en un mundo caído que, como consecuencia del pecado, trae dolor, dificultades y sufrimientos. La Palabra nos recuerda que en el mundo tendremos aflicciones (Juan 16:33). Para ser un buen discipulador, es importante pensar en cómo ministrar a aquellos que enfrentan una historia difícil.

En primer lugar, debes ser partícipe de su sufrimiento. Cuando Jesús se encontró con la viuda de Naín (Lucas 7:11-17), se compadeció de ella. Él se hizo presente en el sufrimiento. No permitas que las personas experimenten el dolor solas; tu acompañamiento es importante. Sé un embajador de consolación. Tienes el deber de mostrar consolación a los demás, ya que Dios primero lo hizo por ti (2 Corintios 1:3-4). Dios te consuela para que puedas consolar a otros. Jesús le dijo a aquella mujer "No llores", no para limitar sus emociones o sentimientos, sino para generar un corazón compasivo que abraza a quienes sufren y muestra la consolación que viene del Padre (Salmos 103:13).

Habla acerca de las promesas y la bondad de Dios (Salmo 34:8). Enfoca tu conversación en reafirmar el carácter de Dios y la necesidad de confiar en Él. No trates de explicar lo que no sabes. Puede que no tengas una buena respuesta a preguntas como "¿por qué?". En lugar de tratar de responder lo que no sabes, habla de lo que sabes: el evangelio. Cada uno de los procesos que enfrentamos en la vida nos enseña a depender de Dios y de sus promesas. En su sufrimiento, recuérdales verdades del gran evangelio, como el carácter amoroso de Dios y sus promesas. Ora con ellos y por ellos. Permite que tus oraciones sean instructivas, dirigiendo su mente y corazón hacia verdades que pueden ser difíciles de enfocar en medio de su historia (Efesios 1:15-23).

Piensa en cómo servirles de manera práctica, especialmente en medio de una crisis (Gálatas 6:2). Una de las primeras preguntas que puedes hacer es: "¿Qué puedo hacer para ayudarte?". Sirve de guía para que las personas exploren su historia, identificando por sí mismas la raíz de su dolor, alcanzando el perdón y perdonando a otros. Amar es escuchar; permíteles hablar y contar su historia cuando lo decidan. Escucha para comprenderlos.

Discipular a personas heridas comienza cuando podemos edificar un fundamento sólido sobre ruinas pasadas. Lidiar con las dificultades y las crisis requiere discernimiento, mucha oración, amabilidad, compasión, consolación y una disposición a ayudar, como lo hizo Jesús.

¿Cómo tener un primer acercamiento con un discípulo con una historia difícil?

Ana María Quiles dice: "Para ser un buen discipulador,

es importante pensar en cómo ministrar a aquellos que enfrentan una historia difícil." Siendo esto una parte clave del discipulado, no podemos dejar de lado que debemos ser prudentes, amorosos y confidentes.

El primer paso es **no suponer**. Generalmente, cuando una persona tiene una historia difícil y lleva tiempo dentro de la comunidad, se generan ideas y narrativas que pueden estar desfasadas de la realidad, aumentando o minimizando su situación.

Debemos tener **tacto** con la situación. Haz del primer encuentro algo especial. Comienza la conversación de una manera natural y genuina; no es necesario adoptar una actitud de lástima. El carácter amoroso de Jesús se mostraba siempre a través de preguntas puntuales y conversaciones naturales.

Si la situación es abrumadora, permite que tu discípulo hable mientras tú practicas una escucha activa e intencional. Abraza lo que te está compartiendo y, con conciencia, evita usar palabras o gestos que puedan incomodar a tu discípulo. No supongas sentimientos, respuestas o la continuidad de la historia. Haz preguntas que revelen detalles, no para enriquecer la narrativa, sino para ayudar a gestionar el bienestar de tu discípulo.

Después de escuchar su historia, puedes hacer las siguientes preguntas:

- ¿Cuánto tiempo dedicas a pensar en esta situación?
- En una escala del 1 al 10, ¿cuánto te duele?
- ¿Qué opinas de la idea de que a Jesús le duele tu dolor?

Un versículo que puedes compartir con tu discípulo es **Hebreos 4:15**

- *"Porque no tenemos un sumo sacerdote que no pueda compadecerse de nuestras debilidades, sino uno que fue tentado en todo según nuestra semejanza, pero sin pecado."*

Jesús no solo fue tentado y probado en todo pecado carnal que podamos imaginar, sino que también tuvo que resistir al pecado que lo rodeaba y lo afectaba. Fue ultrajado por su propio pueblo, pasó hambre, necesidades y rechazos (Mateo 18:20). Esto significa que Jesús puede identificarse con las situaciones difíciles que suceden en nuestras vidas.

Una parte clave de nuestro versículo de estudio es la palabra **"compadecerse"**. En los tiempos de Jesús, se utilizaba la palabra **"σπλαγχνίζομαι" (splagchnizomai)**, que hacía referencia directa a las entrañas, a "lo que se siente por dentro" "Ser movido desde las entrañas". Es esa sensación que todos hemos experimentado al identificarnos o sentir compasión por una situación específica. Esta palabra muestra la profundidad de la compasión de Jesús: ¡Sus entrañas se mueven cuando piensa en ti! Es inevitable para Él no mostrar su amor y dulzura, por más difícil que parezca la situación.

Thomas Goodwin escribió: "El gozo, el consuelo, la felicidad y la gloria de Cristo se incrementan y agrandan cuando..."

Ahora, ¿cómo terminarías esa oración?

Hay una verdad igualmente bíblica que se deja de lado más fácilmente en nuestros pensamientos de Cristo. Los cristianos saben intuitivamente que agrada a Cristo cuando lo escuchamos y lo obedecemos. Pero, ¿qué pasa si su corazón y su alegría están comprometidos de una nueva manera en nuestras debilidades y fracasos?

Goodwin completa su frase de esta manera: "El gozo, el consuelo, la felicidad y la gloria de Cristo se incrementan y agrandan al mostrar gracia y misericordia, al perdonar, aliviar y consolar a sus miembros aquí en la tierra". [15]

En estos versículos Jesús se compadece en situaciones específicas: Mateo 14:14, Mateo 15:32, Lucas 7:13, Marcos 6:34.

Es imprescindible que como discipuladores seamos claros desde el principio que nosotros ni nadie puede compadecerse, amar y ser más empático que Cristo, no somos terapeutas que remedian errores, somos

---

[15] Ortlund, D. C. (2021). *Manso y humilde: El corazón de Cristo para los pecadores y heridos*. B&H Publishing Group.

compañeros que llevan a su amigo a los brazos del más compasivo y amoroso médico. Nosotros no podemos sanar la realidad de esa persona, pero Cristo sí puede hacerlo.

Después de haber escuchado a tu discípulo y haber mostrado compasión, es fundamental pensar en acciones prácticas. Aquí algunas sugerencias:

1. **Presencia constante:** Pregunta cómo puedes acompañarlo en los días siguientes. ¿Necesita ayuda concreta o alguien con quien hablar regularmente?

2. **Reforzar la oración:** Mantén la oración como un pilar. Ofrécele orar con él en momentos claves de su día o su semana.

3. **Crear un plan espiritual:** Invita al discípulo a hacer un devocional que refuerce las verdades que ha descubierto. Anímalo a explorar pasajes que fortalezcan su fe en medio de las dificultades.

4. **Acompañamiento en comunidad:** Si es posible, involucra a otros miembros maduros de la comunidad para que lo rodeen de apoyo en oración y acompañamiento.

Recordando a Cristo en cada paso

La doctora Quiles nombra la historia de la viuda de Naín, siendo este un ejemplo magistral de cómo podemos actuar ante una situación de dolor y sentir compasión, mientras se actúa de manera progresiva.

Lucas 7:11-17

- *11 Aconteció después, que él iba a la ciudad que se llama Naín, e iban con él muchos de sus discípulos, y una gran multitud. 12 Cuando llegó cerca de la puerta de la ciudad, he aquí que llevaban a enterrar a un difunto, hijo único de su madre, la cual era viuda; y había con ella mucha gente de la ciudad. 13 Y cuando el Señor la vio, se compadeció de ella, y le dijo: No llores. 14 Y acercándose, tocó el féretro; y los que lo llevaban se detuvieron. Y dijo: Joven, a ti te digo, levántate. 15 Entonces se incorporó el que había muerto, y comenzó a hablar. Y lo dio a su madre. 16 Y todos tuvieron miedo, y glorificaban a Dios, diciendo: Un gran profeta se ha levantado entre nosotros; y: Dios ha visitado a su pueblo. 17 Y se extendió la fama de él por toda Judea, y por toda la región de alrededor.*

Hoy te invito a que seamos minuciosos, a que detallamos y extraigamos hasta la más mínima enseñanza del Maestro a partir de esta historia. Desde tiempos inmemoriales, vivimos en un mundo donde es más importante el funeral que el muerto[16], y los judíos no eran la excepción. En este caso, el fallecido es el hijo único de una viuda. Toda la situación que rodea a la mujer es de desgracia: su esposo ha muerto, dejándola viuda y a merced de su único hijo, quien también ha fallecido. Al ser viuda, es probable que el funeral de su hijo sea poco ortodoxo, lo que suma aún más desgracia social a su vida.

Jesús ve a esta mujer y se compadece (es movido desde

---

[16] Eduardo Galeano

sus entrañas) y le dice: "No llores". No me imagino a Jesús con una actitud prepotente, como si dijera: 'No llores, no más show, no tienes idea de lo que voy a hacer', ni con una actitud de impaciencia, pensando: '¿Alguien puede callar a esta mujer? No quiero que llore'. Lo que veo es a un hombre compasivo, cuyas entrañas se conmueven al ver el sufrimiento de esta mujer. Al escribir esto, casi puedo sentir unas manos frías, una sensación de nudo en el estómago que sube por la garganta, y una necesidad de abrazar a alguien. Creo firmemente que la reacción de Jesús es amorosa y compasiva en su totalidad.

Después de decirle a la mujer que no llore, Jesús hace algo que a menudo pasa desapercibido: toca el féretro de su hijo, lo cual, para los judíos, era un acto de impureza (Números 19:11). Que Jesús toque el féretro es sumamente significativo, porque muestra que Su compasión supera cualquier restricción ritual. Está dispuesto a hacer 'el trabajo sucio', a involucrarse en lo impuro para devolver la vida y traer restauración.

Imagínate por un momento que esta historia fuera diferente: que Jesús, con su omnisciencia, reconociera la existencia de esta mujer, resucitará a su hijo y enviará a un mensajero para contarle sobre el milagro. ¿Crees que eso representaría la desmedida compasión de Jesús?

A Jesús le encanta involucrarse; ama hacerlo. Él quiere sanar y restaurar lo que está roto en un acto relacional de amor y compasión pura. No le interesa sanar a la distancia;

precisamente, Él se acercó a nosotros para sanar todo lo roto de una manera cercana y puntual.

N.T. Wright comenta que este acto es una manifestación del Reino de Dios, donde la vida triunfa sobre la muerte y la restauración es parte del plan divino. Jesús, como el Hijo de Dios, tiene el poder sobre la muerte, y Su compasión no es pasiva, sino activa: está vinculada a la redención y al propósito de restaurar lo que está roto.[17]

Algunas preguntas clave a dar en el seguimiento
- **Identificar momentos de esperanza o consuelo:**
  - En medio de todo lo que has pasado, ¿has tenido algún momento en el que hayas sentido que alguien te vio con compasión? ¿Cómo fue esa experiencia para ti?

  - A veces, aunque el dolor es fuerte, hay pequeñas señales de esperanza. ¿Has tenido algún momento, por pequeño que sea, que te haya dado fuerza o consuelo?

- **Explorar la dignidad en medio de la lucha:**
  - Muchas veces, cuando atravesamos situaciones tan difíciles, podemos sentirnos como si hubiéramos perdido algo de nuestro valor o identidad. ¿Cómo te ves a ti mismo/a en este momento?

---

[17] Wright, N. T. (2016). *How god became king: The forgotten story of the gospels*. HarperCollins.

- ¿Qué crees que Dios ve cuando te mira en medio de tu dolor? ¿Qué crees que quiere decirte hoy sobre tu valor?

- **Reflexionar sobre el proceso de sanidad**:
  - Sanar puede parecer imposible cuando la herida es tan grande, pero no siempre es inmediato. ¿Qué áreas de tu vida sientes que necesitan más sanidad o restauración?

  - Si Jesús estuviera aquí hoy, ¿cómo crees que respondería a tu dolor? ¿Qué palabras crees que te diría?

- **Invitar a un cambio profundo**:
  - A veces, el proceso de restauración empieza con pequeños pasos. ¿Hay algo que te gustaría entregar a Dios hoy, algo que has estado cargando por mucho tiempo?

  - ¿Qué pasos crees que podríamos dar juntos para comenzar a caminar hacia un lugar de mayor paz o restauración?

- **Reconocer la acción de Dios en su vida**:
  - A lo largo de tu historia, aunque ha sido difícil, ¿has podido ver alguna manera en la que Dios haya estado presente, incluso en los momentos más oscuros?

  - ¿Cómo te sentirías si supieras que Dios no solo está presente en tu dolor, sino que también está obrando en tu vida para restaurar lo que se ha perdido?

- **Abrir espacio para la restauración**:
  - Si pudieras pedirle a Dios una cosa para tu vida en este momento, algo que traiga un poco de alivio o restauración, ¿qué sería?

  - ¿Cómo puedo caminar contigo en este proceso? ¿Qué tipo de apoyo o acompañamiento necesitas de mí, o de otros, mientras atraviesas esta etapa?

Práctica de oración y respiración, para momentos de temor.

- Cuando inhalamos nuestros pulmones se llenan de oxígeno que es un elemento vital, y al exhalar desecha dióxido de carbono. Hoy te invito a "Inhalar" verdades de Cristo, y "Exhalar" las cargas y mentiras que invaden tu mente.

Te dejo algunas verdades.

- *El SEÑOR es mi pastor... tengo todo lo que necesito (Sal 23:1).*
- *El día que temo... yo en Ti confío (Sal 56:3).*
- *Mi ayuda viene... del SEÑOR (Sal 121:2).*
- *Ten piedad de nosotros... oh SEÑOR (Sal 123:3).*
- *Venga tu reino... hágase Tu voluntad (Mt 6:10).*
- *No se haga mi voluntad... sino la Tuya (Lc. 22:42).*
- *Ven... Señor Jesús (Ap. 22:20)*

Conclusión: Un viaje de restauración

Discipular a personas con historias difíciles es un llamado profundo a caminar junto a aquellos que están heridos, llevando las cicatrices de su pasado incluso de su presente. Este proceso no es sencillo ni rápido, pero en su esencia, se trata de reflejar la compasión y el amor restaurador de Cristo que nuestras entrañas se muevan de compasión al tener que acompañar a nuestros hermanos en sus momentos difíciles; recordemos a quien no teme tocar lo que parece impuro ni acercarse a lo que parece irremediable. Él nos enseña que, incluso en nuestras situaciones más oscuras, Su amor es más profundo que cualquier dolor y quiere que personas como tú y yo nos unamos en su manso corazón.

Cada historia difícil es una oportunidad para ver cómo la gracia de Dios se manifiesta en lo roto, restaurando lo que parecía destruido y trayendo nueva vida. Como discipuladores, nuestra labor no es sanar por nosotros mismos, sino acompañar, escuchar, orar y recordar a aquellos que sufren que no están solos, que Cristo los ve, los ama y está presente para llevar sus cargas, que él está presente para redimir hasta la última gota de sufrimiento.

La historia de cada discípulo es un testimonio en construcción de la redención y la gracia de Dios y una extensión de su inmensa compasión. Nuestra tarea es guiar con paciencia, fe y un amor genuino, confiando en que, al final, Cristo traerá vida donde antes solo había muerte, luz donde había oscuridad, y restauración donde había quebranto. Que esta sea la misión que guíe nuestro caminar con aquellos que han vivido historias difíciles, recordándoles siempre que en Cristo todo está siendo restaurado por medio de su misión.

RECURSOS PARA EL ESTUDIO BÍBLICO DENTRO DEL DISCIPULADO:

En esta segunda parte del libro queremos darte algunos ejemplos de cómo podrías desarrollar el estudio bíblico dentro del discipulado. Recuerda que el discipulado no es únicamente un estudio, puesto que es más profundo, como ya lo hemos hablado, pero el crecimiento bíblico es fundamental para llevar a cabo un discipulado eficiente y Cristocentrico. De este modo, te animamos a que puedas hacer tus propios estudios, tomando como base lo que el Señor te ha hablado en su caminar con Él a través de escriturando, y usando los recursos que hoy en día existen y están a la disposición de todos nosotros. De este modo, tanto tú, como tu discípulo, estarán creciendo en la gracia y en el conocimiento en Cristo de forma constante (*2 Pedro 3:18*)

Debes saber que los 7 temas que hemos preparado van dirigidos al discipulador, puesto que es una guía de cómo preparar el tema, pero no es el tema preparado en sí mismo. Con esto, lo que buscamos es que tu puedas tener un mayor dominio y seguridad sobre la información bíblica que le vas a transmitir a tu discípulo, por lo que, será necesario que te tomes el tiempo de preparar la lección para agregarle tu toque personal. Recuerda que el éxito en el discipulado está en mirar a las personas como lo que son; personas amadas por Dios, con historias e infinidad de particularidades, es un error verlas solo como un proyecto evangelístico.

Recuerda orar antes de preparar cada lección para el discipulado, con el fin de reconocer que dependes de Dios para poder transmitirle las verdades del evangelio a tu discípulo. Además, ora junto a tu discípulo antes de empezar el espacio de crecimiento Bíblico, para que juntos le pidan al Espíritu Santo quien guíe su lección.

Guía General para los Estudios Bíblicos de Discipulado

Cada estudio bíblico diseñado para el discipulado sigue una estructura coherente que facilita la comprensión y reflexión sobre la Palabra de Dios. A continuación, se describen las diferentes partes de los estudios y el propósito de cada una:

1. Introducción

En esta sección se presentan las ideas principales del

estudio. Se establece el contexto y se plantea la relevancia del tema a tratar. La introducción busca captar el interés de los participantes, motivándolos a reflexionar sobre el tema y a abrir sus corazones a lo que Dios quiere enseñarles.

2. Preguntas Iniciales

Las preguntas iniciales están diseñadas para provocar la reflexión y la participación activa de los participantes. Estas preguntas permiten que cada persona comparta sus pensamientos y experiencias, creando un ambiente de diálogo y comunidad desde el inicio del estudio.

3. Texto Bíblico

Se proporcionan pasajes clave de la Escritura que servirán como base para el estudio. Estos textos son seleccionados cuidadosamente para que resalten los principios y enseñanzas relevantes al tema en cuestión.

4. Observación y Reflexión

En esta sección, los participantes son guiados a observar y reflexionar sobre el texto bíblico. Se plantean preguntas que ayudan a profundizar en el significado de los pasajes y en su aplicación a la vida cotidiana. El objetivo es fomentar un entendimiento más profundo de la Palabra y cómo se relaciona con la vida de cada uno.

5. Ejercicio Práctico

Esta parte del estudio se centra en la aplicación práctica de lo aprendido. Los participantes son animados a discutir cómo pueden implementar los principios del estudio en su vida diaria. Se proponen ejercicios, actividades o reflexiones que ayudan a consolidar el conocimiento adquirido.

6. Comisión

En la sección de comisión, se alienta a los participantes a tomar acción. Se sugieren maneras concretas de aplicar las enseñanzas en sus vidas y en sus comunidades. Esto puede incluir compartir lo aprendido con otros o realizar actividades que fomenten el crecimiento espiritual.

7. Versículo para Memorizar

Para concluir el estudio, se ofrece un versículo que encapsula el tema central y que se recomienda memorizar. Este versículo sirve como recordatorio de las verdades aprendidas y como un ancla espiritual en la vida cotidiana.

¿QUIÉN ES DIOS?[18]

Este estudio está diseñado para guiar una reflexión profunda sobre la identidad de Dios, su Trinidad, y cómo podemos conocerlo más plenamente a través de su creación y su Palabra.

Introducción

Desde el principio de los tiempos, la humanidad ha intentado comprender la existencia de Dios y su relación con el mundo. Génesis 1:1 nos dice: "En el principio creó Dios los cielos y la tierra", una declaración que afirma la existencia de un Creador, sin necesidad de explicación. Pero, ¿quién es este Dios? ¿Cómo podemos conocerlo realmente? Este estudio busca responder estas preguntas fundamentales, guiándonos en un viaje de descubrimiento a través de la Escritura.

Preguntas iniciales:

- ¿Qué piensas cuando escuchas la idea de Dios como el Creador de los cielos y la tierra?

---

[18] MOVE. (n.d.). *Aspecto básico 1: ¿Quién es Dios?* MOVE.

- ¿Cómo describirías a Dios basándote en tu experiencia y conocimiento?

Texto Bíblico

Salmo 19:1-6, Colosenses 1:15-20 y Mateo 28:19
Observación y Reflexión:

1. **Salmo 19:1-6** habla de cómo los cielos y la tierra declaran la gloria de Dios. ¿Cómo crees que la creación revela algo sobre quién es Dios?

2. **Colosenses 1:15-20** nos habla de Jesús como la imagen visible del Dios invisible. ¿Qué implica que todas las cosas hayan sido creadas a través de Él y para Él?

3. **Mateo 28:19** nos da una clara referencia de la Trinidad: "Id, y haced discípulos a todas las naciones, bautizándolos en el nombre del Padre, y del Hijo, y del Espíritu Santo". Este versículo muestra que Dios se revela como tres personas en uno, un concepto clave en el cristianismo.

Desde el **Credo de los Apóstoles**, que se remonta a los primeros siglos del cristianismo, los creyentes han afirmado esta verdad: Dios es tres en uno, Padre, Hijo y Espíritu Santo. Esta doctrina de la Trinidad ha sido una piedra angular en la fe cristiana, mostrando que Dios, en su unidad, se revela de maneras diferentes, pero siempre como un solo ser divino.

Preguntas para reflexionar:
- ¿Qué te llama más la atención de estos pasajes?

- Según estos textos, ¿cómo describirías a Dios? ¿Cómo se revela a través de la creación y de Jesús?

- ¿De qué manera puedes aplicar esta verdad en tu vida diaria?

Ejercicio práctico

Discute con tu discípulo cómo conocer a Dios influye en nuestra vida diaria. Puedes usar la siguiente reflexión de Zacarías Ursino y Gaspar Oleviano sobre la Trinidad: "Hablamos de Dios en tres personas porque Él mismo se ha revelado de esa manera. Es un misterio que no podemos simplificar."

Preguntas para iniciar la discusión:
- ¿Cómo impacta tu vida el hecho de que Dios sea eterno, todopoderoso y cercano a través de Jesús?

- ¿De qué manera puedes conocer mejor a Dios en tu día a día?

- Haz una lista de las formas en que la creación y la Biblia te ayudan a entender a Dios.

Comisión

Alienta a tu discípulo a buscar maneras concretas de conocer más a Dios. Aquí algunas ideas prácticas:

- Dedicar tiempo cada día para meditar en las maravillas de la creación.

- Compartir con alguien lo que han aprendido sobre Dios en este estudio (Que escriba el nombre de dos personas con las que lo puede hacer).

Versículo para memorizar:
"Vístanse con la nueva naturaleza, y se renovarán a medida que aprendan a conocer a su Creador y se parezcan más a Él." — Colosenses 3:10 (NTV)

LA BIBLIA: LA PALABRA DE DIOS[19]

Este estudio bíblico tiene como objetivo que el discípulo comprenda la importancia de la Biblia como la Palabra de Dios, inspirada para nuestra enseñanza y crecimiento espiritual.

Introducción

La Biblia es un libro extraordinario que ha transformado la vida de millones de personas a lo largo de la historia. Fue escrita por más de 40 autores, bajo la inspiración del Espíritu Santo, durante un periodo de más de 1,500 años. A través de sus páginas, Dios revela su carácter, su plan para la humanidad, y la historia de la redención en Jesucristo. En la Biblia encontramos nuestra norma de fe y conducta, y todo lo que necesitamos para conocer a Dios y crecer en Él.

El objetivo de la Biblia es revelarnos a Jesús, el Hijo de Dios, y ayudarnos a madurar en nuestra fe, mostrándonos cómo vivir de acuerdo con su voluntad.

---

[19] MOVE. (n.d.). *Aspecto básico 2: La Biblia*. MOVE.

Preguntas iniciales:

- ¿Qué conoces o has escuchado sobre la Biblia?

- ¿En qué versión lees habitualmente la Biblia?

- ¿La Biblia es la Palabra de Dios, o la Biblia contiene la Palabra de Dios?

Texto Bíblico

2 Timoteo 3:16-17, Lucas 24:44-49
Observación y Reflexión:

1. **2 Timoteo 3:16-17** dice que "toda la Escritura es inspirada por Dios, y útil para enseñar, para redargüir, para corregir y para instruir en justicia, a fin de que el hombre de Dios sea perfecto, enteramente preparado para toda buena obra". ¿Qué nos enseña este pasaje sobre el propósito de la Biblia en nuestra vida diaria?

2. **Lucas 24:44-49** muestra cómo Jesús explicó a sus discípulos que todo lo que estaba escrito en la Ley de Moisés, en los profetas y en los salmos se cumplía en Él. ¿Por qué crees que Jesús subrayó la importancia de las Escrituras para entender su misión?

Enfatizando la inspiración divina:

La Biblia fue escrita por más de 40 hombres diferentes, bajo la guía del Espíritu Santo. Aunque ellos vivieron en diferentes épocas y contextos, sus escritos están en perfecta armonía. No es coincidencia que la Biblia sea el libro más vendido y leído en la historia de la humanidad, ya que contiene la revelación de Dios para nosotros.

Preguntas para reflexionar:

- ¿Qué impacto tiene saber que la Biblia fue inspirada por Dios?

- Según los pasajes que hemos leído, ¿cómo define la Biblia el propósito de su enseñanza?

- ¿Cómo puedes aplicar esta verdad en tu vida diaria?

Ejercicio práctico

Discute con tu discípulo la importancia de hacer de la Biblia la base de nuestra vida.

Aquí algunas preguntas que pueden guiar la conversación:

- ¿De qué manera la Biblia ha sido útil para enseñarte, corregirte o guiarte?

- ¿Qué es lo último que has aprendido en la Biblia?

- Haz una lista de las áreas en tu vida donde necesitas que la Palabra de Dios te guíe más profundamente.

Comisión

Anima a tu discípulo a leer la Biblia con mayor dedicación esta semana, si es alguien que apenas está incursionando en la vida de la lectura de La Escritura, le puedes sugerir que comience por uno de los Evangelios. Puedes sugerirles que lean el Evangelio de Juan, donde encontrarán una clara revelación de Jesús como el Salvador prometido.

Versículo para memorizar:

"Toda la Escritura es inspirada por Dios, y útil para enseñar, para redargüir, para corregir, para instruir en justicia, a fin de que el hombre de Dios sea perfecto, enteramente preparado para toda buena obra." — 2 Timoteo 3:16-17 (RVR1960)

NUESTRA POSICIÓN EN CRISTO

Este devocional está diseñado para que el discípulo comprenda y viva desde su *posición en Cristo*, resaltando que su identidad y aceptación están seguras en Él. [20][21]

Introducción:

Como seguidores de Cristo, una de las verdades más poderosas que podemos comprender es nuestra **posición en Él**. No se trata solo de ser salvados del pecado, sino de recibir una nueva identidad en Cristo. En esta nueva posición, somos justificados, amados y aceptados por Dios. A veces, nuestras emociones o nuestras circunstancias pueden hacernos dudar, pero la Biblia nos asegura que nuestra posición en Cristo no cambia. Hoy reflexionaremos sobre lo que significa vivir desde esta posición y cómo esto transforma nuestra vida diaria.

Preguntas iniciales:
- ¿Qué significa para ti estar en Cristo?

---

[20] MOVE. (n.d.). *Aspecto básico 4: Seguridad de salvación*. MOVE.
[21] **Campus Crusade for Christ. (2007).** *La brújula: Posición en Cristo.* Cru Press, Campus Crusade for Christ, Inc.

- ¿De qué manera influye esta verdad en cómo te ves a ti mismo y cómo vives tu fe?

Texto Bíblico:

Efesios 2:4-6 y 2 Corintios 5:17-21
Observación y Reflexión:

1. **Efesios 2:4-6** nos enseña que Dios, por su gran amor y misericordia, nos ha dado vida y nos ha sentado con Cristo en lugares celestiales. ¿Cómo te impacta saber que, espiritualmente, estás sentado con Cristo en los cielos?

2. **2 Corintios 5:17-21** afirma que, si alguien está en Cristo, es una nueva creación; las cosas viejas pasaron, y todo es hecho nuevo. Además, somos hechos justicia de Dios en Cristo. ¿Qué significa para ti ser una nueva creación en Cristo y ser llamado justo delante de Dios?

Enfatizando la posición en Cristo:

Nuestra **posición en Cristo** no cambia por nuestras circunstancias o emociones. Cuando confiamos en Jesús, somos hechos **nuevas criaturas** (2 Corintios 5:17), y esa nueva identidad es inmutable. **Dios nos ve a través de Cristo**, justificados y perdonados, y nos ha dado un lugar en su familia. Ya no estamos definidos por nuestros errores o por lo que otros piensan de nosotros, sino por lo que Cristo ha hecho en nosotros.

Efesios 2:6 nos dice que no solo hemos sido salvados, sino que también hemos sido **sentados con Cristo en los cielos**. Esto significa que, espiritualmente, compartimos su victoria y autoridad. Estamos firmemente plantados en la gracia, y nada de lo que enfrentemos puede cambiar nuestra posición.

Aunque nuestra condición diaria puede variar, nuestra **posición en Cristo** es firme. Cada día, debemos recordar que somos aceptados y amados por Dios no por lo que hacemos, sino por lo que Cristo ha hecho. Esta verdad nos permite vivir con confianza, sin importar las circunstancias.

Preguntas para reflexionar:

- ¿Cómo puedes aplicar la verdad de tu posición en Cristo a tu vida diaria?

- ¿De qué manera puedes vivir desde esa seguridad, sabiendo que Dios te ha aceptado y te ha dado una nueva identidad en Cristo?

- ¿Qué cambios traerá a tu vida el vivir con la conciencia de que estás sentado en los cielos con Cristo?

Ejercicio práctico:

1. Toma un tiempo para escribir cómo has vivido basándote en tus emociones o circunstancias, en lugar de en tu posición en Cristo.

2. Ora y pídele a Dios que te recuerde diariamente quién eres en Cristo, y cómo puedes vivir desde esa verdad.

3. Haz un compromiso para declarar diariamente tu posición en Cristo leyendo pasajes como **Efesios 2:4-6** y **2 Corintios 5:17-21**.

Comisión:

Anima a tu discípulo a centrarse en su identidad y posición en Cristo, más que en sus sentimientos o en lo que otros digan. Algunas ideas prácticas:

- Recordar su posición en Cristo cada mañana leyendo **2 Corintios 5:17-21**.

- Pídele a tu discípulo que haga una línea del tiempo de su vida, empezando por el año en el que nació, marcando el año en el que conoció a Cristo, y así hasta el año en el que a él le gustaría vivir. Pídele que arriba de la línea del tiempo dibuje una cruz, para que recuerde que Cristo ha pagado por sus pecados pasados, presentes y futuros.

Versículo para memorizar:
"De modo que, si alguno está en Cristo, nueva criatura es; las cosas viejas pasaron; he aquí todas son hechas nuevas." — 2 Corintios 5:17 (RVR1960)

CRECIMIENTO Y TIEMPO CON DIOS

(Oración, memorización de las escrituras, vida devocional)

Introducción

Una parte fundamental de nuestra vida como cristianos es la oración y el tiempo con Dios. Exponernos a su presencia transformará nuestra vida y nuestra relación con el mundo. En un entorno lleno de entretenimiento y distracciones, dedicar tiempo al crecimiento espiritual cobra aún más valor. Construir este hábito nos ayudará a mantenernos firmes como seguidores de Jesús.

El crecimiento espiritual es esencial para todo creyente. Así como nuestro cuerpo necesita alimento y ejercicio para crecer, nuestra vida espiritual requiere nutrición y práctica constante. En este contexto, nos enfocaremos en tres pilares fundamentales para nuestro crecimiento en la fe: la oración, la memorización de las Escrituras y la vida devocional. Estos elementos fortalecen nuestra relación con Dios y nos permiten crecer en su conocimiento y gracia.

Preguntas iniciales:
- ¿Qué significa para ti tener una vida de oración activa?

- ¿Cómo crees que la memorización de la Palabra y el tiempo devocional pueden impactar tu relación con Dios?

Oración:[22] Un Encuentro Personal

La oración es la comunicación con nuestro Padre, como lo hacía Jesús (Lucas 5:16). Es una oportunidad para que nuestros corazones se expresen, buscar dirección y alabar a Dios. 1 Pedro 5:7 nos recuerda que Él se preocupa por nosotros, y Filipenses 4:6-7 nos invita a orar en momentos de ansiedad, prometiendo paz a nuestros corazones. Puedes leer con tu discípulo esos dos pasajes.

Preguntas para reflexionar:
- ¿Qué pensamientos y preocupaciones te gustaría contarle a Dios?

- ¿Qué has aprendido sobre la oración en tu vida diaria?

Memorización de las Escrituras[23]: Renovación de la Mente

La memorización de la Palabra es crucial para

---

[22] **Campus Crusade for Christ. (2007).** *La brújula: Oración.* Cru Press, Campus Crusade for Christ, Inc.
[23] **Campus Crusade for Christ. (2007).** *La brújula: Memorización de las escrituras.* Cru Press, Campus Crusade for Christ, Inc.

mantenernos alejados del pecado (Salmo 119:9-16). Al atesorar las Escrituras en nuestro corazón, cultivamos una mente renovada que ve la vida desde la perspectiva de Dios (Romanos 12:2).

Preguntas para reflexionar:
- ¿De qué manera te conectas más fácil con Dios? (Música, oración, meditación, lectura de la escritura o de autores, etc.)

Ejercicio práctico:
Reflexiona sobre cómo los versículos que has memorizado te han ayudado en momentos de tentación. Haz una lista de versículos que te gustaría memorizar y escribe la razón por la que te gustaría hacerlo.

Motiva a tú discípulo a pensar en su día a día y animarlo a describir cómo puede llevar a cabo su tiempo devocional, procura que no deje ningún aspecto por fuera. (Un horario, un tiempo establecido, una rutina concreta de lo que le gustaría hacer)

La Importancia de un Devocional Diario
Un devocional diario es un tiempo intencional para estar en la presencia de Dios. Como dice Jeremías 29:13, cuando lo buscamos de todo corazón, lo encontramos. Este tiempo es vital para cultivar una relación íntima con Él y recibir dirección en nuestras vidas.

Reflexiones finales:
- ¿Dedicas tiempo diario a Dios?
- ¿Cuáles son tus mayores obstáculos para poder tener un tiempo diario con Dios? ¿De qué forma los puedes eliminar?

Comisión

Invita a tu discípulo a establecer un plan que incorpore estas tres prácticas. Aquí algunas ideas:

- Dedicar tiempo cada día para orar y memorizar versículos.
- Mantener un diario devocional donde registren sus oraciones y lo que aprenden de la Palabra.
- Compartir lo aprendido con alguien cercano.
- Comprometerse con el discípulo a compartir semanalmente lo más significativo de su devocional

Versículo para memorizar:
"Me buscarán y me encontrarán, cuando me busquen de todo corazón." — Jeremías 29:13 (NVI)

LA IMPORTANCIA DE LA IGLESIA
(Vida en comunidad)

Esta sesión tiene como objetivo romper los mitos del individualismo, y afirmar por medio de preguntas y charlas intencionales el sentido de la comunidad de creyentes, como una extensión del amor de Cristo y una respuesta orgánica a la gran comisión.

Introducción
"para criar a un niño se necesita un pueblo" [24]

Somos seres hechos para la comunidad, toda nuestra vida se basa en relaciones; en hechos el libro siguiente a la partida de Jesús y la llegada del Espíritu santo, para los primeros creyentes era importante reunirse y vivir como hermanos en la fe.

Las cartas en el Nuevo Testamento han sido condimentadas con estímulo para reunirse con creyentes. Los pasajes clásicos como Hebreos 10, Efesios 4 y 1

---

[24] Nota *Hillary Rodham Clinton*

Corintios 12, nos recuerdan que todo cristiano es necesario y vital, poseyendo dones que sirven a la iglesia en libertad con un propósito específico. El compañerismo es considerado el lazo del propósito y devoción común que ata a los cristianos entre sí y a Cristo. Tu objetivo con este estudio es ayudar a que el discípulo entienda la importancia de la comunidad cristiana y motivarlo a darle sabor a su vida con el dulce compañerismo de los cristianos.[25]

- ¿Cuál dirías que es la característica principal de un cristiano?

Texto bíblico 1

Lee Juan 13:35
- ¿Coincide tu respuesta con el versículo?

- ¿Cómo definirías la palabra amor de la que habla este pasaje?

Lee 1 Juan 3:16
- ¿Coincide tu respuesta con el versículo?

- ¿Cómo definirías la palabra amor de acuerdo a este versículo?

---

[25] **Campus Crusade for Christ. (2007).** *La brújula:Comunidad* . Cru Press, Campus Crusade for Christ, Inc. (42 - 43)

Texto Bíblico 2
Hechos 2:37-47

- ¿Qué es lo primero que te llama la atención sobre el pasaje?

- ¿Qué está describiendo este pasaje?

- ¿Quiénes hacen parte de la comunidad que describe el pasaje?

- ¿Cuáles actividades describe el pasaje que hacían juntos?

- ¿Cuál era la razón principal por la que se reunían?

Ejercicio práctico

Discute con tu discípulo lo que Dietrich Bonhoeffer, un teólogo alemán quien fue asesinado por la Gestapo, escribió acerca del compañerismo y comunidad:

"...el cristiano necesita a otro cristiano que le hable de Dios. Lo necesita una y otra vez cuando se vuelve inseguro y desanimado, ya que no puede ayudarse a sí mismo sin esconder la verdad. Necesita a su hermano como el portador de la palabra divina de salvación. Necesita a su hermano únicamente a causa de Jesucristo. El Cristo en su propio corazón es más débil que el Cristo en la palabra de su hermano; su corazón es inseguro más el de su hermano, es seguro". (Life Together, pág. 23)[26]

---

[26] **Campus Crusade for Christ. (2007).** *La brújula:Comunidad* . Cru

- ¿De qué forma has experimentado las dos partes de lo que Bonhoeffer habla? ¿De qué forma has sido el que necesita y el que es necesitado?
- ¿Cómo ambos se han visto beneficiados por el trabajo en comunidad? Hagan una lista de razones por las que la comunidad cristiana ayuda a crecer en Cristo.

Comisión

- Anímalo a poner más intencionalidad en las siguientes reuniones en las que se encuentren con otros creyentes ¿Que sienten diferente?

- Si hay alguien dentro de la comunidad de creyentes a quien tu discípulo no le haya hablado por temor o vergüenza, anímalo a charlar con esa persona.

Tip

Si tienes varios discípulos, después de hacer esta sesión con ellos, pueden reunirse todos juntos a hacer una actividad que disfruten (Tomar café, jugar videojuegos, futbol, helado), mientras estés disfrutando con ellos puedes recordarles que todo eso son bondades y frutos de la hermandad y la comunidad.

Press, Campus Crusade for Christ, Inc. (42 - 43)

VIDA MISIONAL
(Iniciativa y motivaciones al evangelizar)

Todos estamos llamados a vivir una vida misional, que consiste en compartir las verdades que Cristo nos ha enseñado e impactar la vida de otros. No es solo trabajo de los misioneros. ¿Cómo entender esta verdad? Ese es el centro de esta sesión: motivar al discípulo, mediante una conversación intencional y pasos de fe, a vivir una vida en misión.

Introducción
Construir una convicción bíblica sobre el evangelismo es importante, no según lo que nuestra cultura dice, o sólo según lo que nos hace sentir cómodos, o las experiencias anteriores que hayamos tenido con el evangelismo. Queremos adoptar la verdad de que necesitamos acercarnos a las personas más que esperar que ellas vengan a nosotros. Llevar el Evangelio a la gente es el acto de amor más importante que podemos hacer. Asimismo, queremos exponer a la luz y abordar cualquier concepto

errado que puedan tener de lo que significa "ir a la gente".[27]

Comiencen discutiendo estas preguntas.

- ¿Qué experiencias anteriores has tenido al compartir tu fe? ¿Cambiarías algo de ellas?

- En una escala del 1 al 10 que tan emocionado te sientes con la idea de compartir a Cristo con otros.

Texto bíblico

Jesús, a sus 30 años, antes de comenzar su ministerio, sin duda alguna no tenía el porte de un rabino judío; es más, ni siquiera tenía la imagen de un hombre exitoso de la época. Por lo tanto, es de esperarse que al principio de su ministerio los discípulos no se acercaran queriendo vivir la vida junto con Él como su rabino. Sino que más bien Él se acerca a ellos.

En Marcos 1:16-18, leemos cómo Jesús llamó a sus primeros discípulos:

"Pasando junto al mar de Galilea, vio a Simón y a Andrés, hermano de Simón, que echaban la red en el mar, porque eran pescadores. Y les dijo Jesús: 'Venid en pos de mí, y haré que seáis pescadores de hombres'. Y al instante, dejando sus redes, le siguieron."

---

[27] **Campus Crusade for Christ. (2007).** *La brújula:Cómo tomar iniciativa en el evangelismo* . Cru Press, Campus Crusade for Christ, Inc. (80)

- ¿Porque crees que Jesús tomó el primer paso de llamar a otros en contracultura?

- ¿Crees que la orilla pueda tener algún significado para Jesús? Recuerda otras historias en las que se ve a Jesús junto al mar.

Jesús modela la idea de ir a la gente, y en el nuevo testamento encontramos referencias directas de ir hacia las personas, todo bajo la misma idea "No nos hemos acercado a Dios, Dios se ha acercado a nosotros" ¡Esto es glorioso! Dios nos ha llamado a que, así como el dio el primer paso en nuestra vida, acompañemos su primer paso en la vida de otros.

- La gente no puede escuchar, ni escucharán del Evangelio a menos que vayamos a ellas. Lee Romanos 10:13-15. Algunas personas no tienen una verdadera relación con alguien que pueda compartir el Evangelio con ellas. Para algunos, el Evangelio no se puede difundir por medio de una relación, puesto que no existe relación alguna a menos que alguien vaya y la establezca. ¡Nosotros podemos establecer esa relación![28]

- Si la biblia es clara en el mensaje de ir a otros ¿Cómo crees que podemos hacer eso en nuestra cotidianidad?

---

[28] **Campus Crusade for Christ. (2007).** *La brújula:Cómo tomar iniciativa en el evangelismo* . Cru Press, Campus Crusade for Christ, Inc. (80)

Ejercicio práctico

Pídele a tu discípulo pensar por un momento en su área de influencia (Las personas con las que desarrolla su vida: Familia, colegio, universidad, trabajo) pídele que haga una lista de 10 personas a las que más le gustaría comenzar a evangelizar.

Después de hacer la lista, mientras juntos leen los nombres pídele que anote sus temores específicos al acercarse a cada persona de la lista y terminen orando intencionalmente por esas personas.

Hagan una lluvia de ideas de cómo creen que es la mejor forma de alcanzar e impactar positivamente las personas de la lista, dividan en categorías según el primer paso de acción para cada caso específico, algunos primeros pasos pueden ser:

- Tomar un café y charlar de sus vidas (Ideal para personas no simpatizantes).

- Reunirse en un receso del colegio, universidad o trabajo charlar y orar por peticiones mutuas.

- Compartir una tarde de fútbol o videojuegos, y terminar con una charla intencional sobre Jesús.

Comisión
- Establezcan metas claras a lograr con las personas a impactar.

- Tener al menos una conversación durante la semana siguiente.

- Reúnanse juntos 20 minutos de una tarde de la semana para orar de nuevo por la lista de personas.

- Motiva a tu discípulo a rendir cuentas contigo, y compartir cualquier duda o situación que se presente.

MAYORDOMÍA

Para la cultura contemporánea, nombrar agendas llenas y vidas ocupadas parece ser un símbolo de éxito y productividad, pero ¡Cuidado! Esto no es bíblico. Esta sesión está enfocada en guiar a tu discípulo a utilizar con responsabilidad (Mayordomía) los dones que Dios le ha regalado.

Introducción

Vivimos en una sociedad que valora el éxito por la cantidad de cosas que logramos acumular y la velocidad con la que nos movemos. Sin embargo, en el reino de Dios, el éxito se mide por nuestra capacidad de administrar lo que nos ha sido confiado. En esta sesión, exploraremos lo que significa ser un buen mayordomo y cómo aplicar este principio en todas las áreas de nuestra vida.

Comienza preguntándole a tu discípulo:
- ¿Qué significa para ti ser un buen administrador o mayordomo?

- ¿Crees que lo que tienes (tiempo, habilidades, dinero) te pertenece a ti o es algo que Dios te ha dado para cuidar?

Ejercicio práctico

Dividiendo la semana:

Entrega una hoja de papel y pide a tu discípulo que divida la hoja en siete columnas, una para cada día de la semana. En cada columna, debe escribir cómo gasta su tiempo de lunes a domingo. Pídele que sea lo más específico posible. Incluir actividades como: trabajo, estudios, iglesia, descanso, relaciones, entretenimiento, etc.

- Pregunta clave: ¿Qué observas al ver cómo distribuyes tu tiempo? ¿Hay un equilibrio entre lo que es eterno y lo que es temporal? ¿Hay un equilibrio entre lo que HACES y lo que ERES?

Clasificación de recursos:

Después de hacer el ejercicio de la semana, pídele que haga una lista de sus bienes y recursos. Esto puede incluir su tiempo, dinero, habilidades, amistades, influencia, entre otros. Luego, clasifícalos en tres categorías:

- Cosas que descuido.

- Cosas de las que soy demasiado posesivo.

- Cosas que administro bien.

- Pregunta clave: ¿En cuál de estas categorías te encuentras mayormente? ¿Qué podrías cambiar para equilibrar mejor estas áreas?

Texto Bíblico

Mateo 25:14-30 (La parábola de los talentos) Lee en conjunto la parábola de los talentos. Reflexiona en los siguientes principios:

1. Todo lo que tenemos le pertenece a Dios (v. 14).

2. Nuestra relación con lo que poseemos es temporal (v. 15).

3. Somos recompensados por cómo usamos lo que se nos ha dado (v. 21).

4. El mal manejo de los recursos conlleva consecuencias (v. 24-30).

- ¿Con qué siervo te identificas más?

- ¿A quién pertenecen realmente tus recursos?

- ¿De qué manera puedes ser un mejor administrador del tiempo, las oportunidades y las habilidades que Dios te ha dado?

- ¿Qué área de tu vida estás enterrando, como el siervo que no hizo nada con su talento?

Comisión:

Para cerrar, haz preguntas que dirijan a tu discípulo a una acción concreta y medible. Puedes usar este formato:

Preguntas de comisión:

- ¿Qué acción concreta tomarás esta semana para administrar mejor tu tiempo o dinero?

- ¿Cómo puedes usar tus habilidades para servir a otros de manera intencional?

- ¿Con qué persona puedes compartir lo que has aprendido sobre mayordomía?

- Si tengo mi agenda muy ocupada ¿Que espacio puedo abrir para descansar?

Paso de acción:

Comprométete a revisar tu lista semanal y hacer ajustes en una o dos áreas específicas en las que puedas ser un mejor mayordomo. Luego, comparte esos cambios con tu discipulador en la próxima reunión.

Oración Final:

Ora juntos pidiendo sabiduría para manejar lo que Dios ha confiado en sus manos y un corazón dispuesto a rendir todas las áreas de su vida al Señor.

Recursos

Recursos

Made in the USA
Middletown, DE
21 October 2024